一个人的读书，应该萌芽于童年和少年，它会帮助你打下人生结实的底子，潜移默化地影响你的一生。

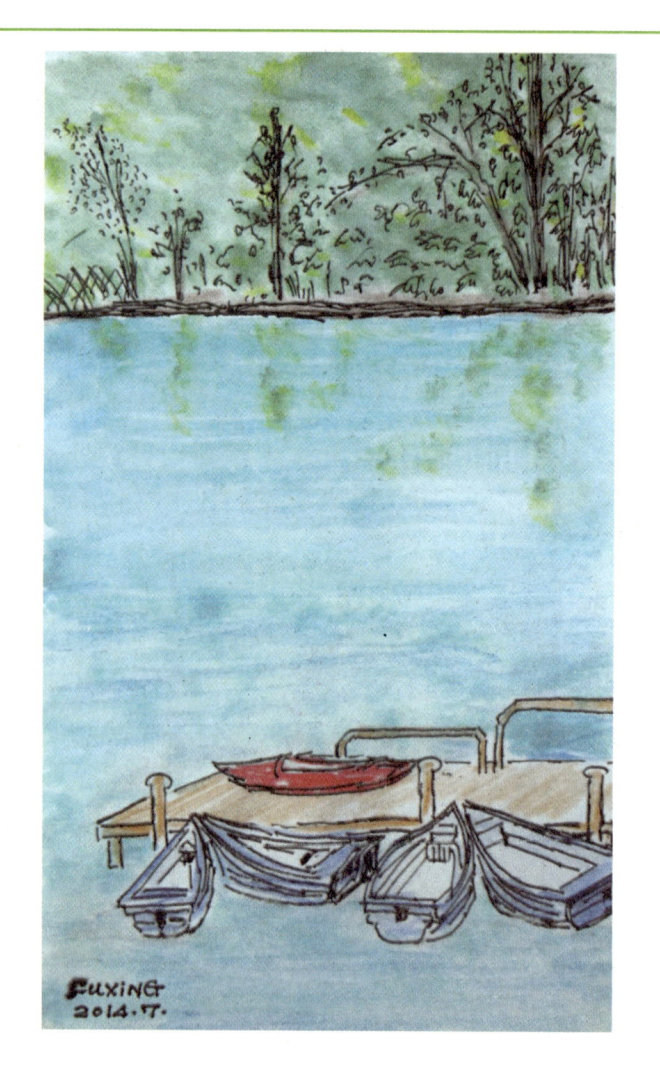

联想，就是由此及彼，从此岸到彼岸的一座小桥，或一尾小船。

春天的白桦林 RUXING 2019元旦

想象，不能是天马行空，亦不能是无根之木，无源之水。

在给孩子推荐鲁迅先生的篇目的时候，《风筝》是我的首选。

阅读中的快，也是一种读书的本事，就好像能在漫山遍野的万花丛中迅速地找到你需要的那一朵红或那一片绿。

这就叫细。
紫藤一树花是乱的，风在穿花而过，花才会是乱的。
（汪曾祺《鉴赏家》）

如果我们能在生活中锻炼出自己的敏锐而细致的眼光，那么我们肯定能够在阅读中体会到作家笔下文字的微妙之处。

好的文章，总是能给予我们一些怅然若失之感，或者说艺术的魅力就在于有这样的怅然若失。

阅读课

上

肖复兴 著

长江出版传媒 长江文艺出版社

图书在版编目（CIP）数据

阅读课：全二册 / 肖复兴著. -- 武汉：长江文艺出版社，2023.6
ISBN 978-7-5702-3010-5

Ⅰ.①阅… Ⅱ.①肖… Ⅲ.①读书方法 Ⅳ.①G792

中国国家版本馆 CIP 数据核字(2023)第 031721 号

阅读课
YUEDU KE

彩图：肖复兴	插图：闫　林
责任编辑：李　艳	责任校对：毛季慧
封面设计：柒拾叁号	责任印制：邱　莉　胡丽平

出版：长江出版传媒　长江文艺出版社
地址：武汉市雄楚大街 268 号　　　邮编：430070
发行：长江文艺出版社
http://www.cjlap.com
印刷：中印南方印刷有限公司

开本：880 毫米×1230 毫米　　1/32　印张：8.875　　插页：10 页
版次：2023 年 6 月第 1 版　　　2023 年 6 月第 1 次印刷
字数：159 千字

定价：64.00 元（全二册）

版权所有，盗版必究（举报电话：027—87679308　87679310）
（图书出现印装问题，本社负责调换）

写在前面

这是一本关于阅读的小书。在写作这本小书的时候,我常想起自己阅读的经历。童年、少年和青春期的阅读是多么难忘。阅读对于我的成长,曾经起到了非常重要的作用。那么,我个人的阅读经验,对于今天的孩子们,还能够起到同样的作用吗?

我们目前面临着这样一种严峻的现实:电影和电视时代乃至网络时代的迅速到来,给传统的纸质阅读带来了强烈的冲击。特别是生机勃勃的手机拇指化阅读,大有取代纸质阅读的趋势。拇指在替代大脑,我们的阅读能力,确实是无可奈何地在退化。

那么,纸质阅读的魅力,究竟还存不存在呢?存在于哪里呢?

纸质阅读的作用，究竟还存不存在？存在于哪里呢？

可以肯定地说，如今纸质阅读仍很重要。它不像看影视图像那样容易，也不如认字那样简单，它是一种能力，需要进行认真而系统的训练。在中小学阶段，这种能力，在拇指化阅读的冲击下，已经逐渐弱化，并未得到充分的重视。在以考试为轴心、以分数为价值判断的指引下，这种能力已经退化为中心思想、段落大意、写作特点老三样式的机械化阅读。

实际上，阅读是一种比应试更重要的能力。只有具备了这种能力，才能读出纸质图书中相应的意义及其乐趣。而且，这种能力可以伴随人一生的成长，可以丰富人的心灵与精神，并能够挖掘出人生的种种潜能。

我一直这样认为，童年、少年和青春季节，是人生之中最为美好的阅读状态。远遁尘世，涉世未深，心思单纯，六根剪净，阅读便也就容易融化在血液里，镌刻在生命中，受用无穷。在这样的阅读之中，文学书籍滋润心灵、启迪审美的功用，是无可取代的。成年后再来阅读，和少年时期的阅读已经是两码事，所有的感觉和吸收都是不一样的。青春季节的阅读和青春一样，都是不可逆的，无法弥补。

一个人的读书，应该萌芽于童年和少年，它会帮助你打下人生结实的底子,潜移默化地影响你的一生。有书陪伴着的成长,是最快乐最有营养最生动的成长。在这样的成长路上,你心中缤纷如花的幻想或梦想,流星一闪的感动或感悟,甚至纷乱如云的迷茫与困惑,都可以在书中碰撞,交流,融会贯通。

想想吧,如果没有和马尔兹、任大霖、李冠军、冰心等的邂逅,我一样可以长大,但我的童年和少年时代该会是缺少了多么难忘的一段经历,我的成长路上该会是错过了多少无法弥补的风景,失去了多么丰富的营养,我今天的回忆又该会是多么寡淡无味。我和他们在书中激荡起的浪花,湿润而明亮;撞击出的火花,璀璨而有趣。读书的那段经历,洋溢着鲜活生动的气息,其中哪怕是放大的爱恨情仇,乃至"少年不知愁滋味,为赋新词强说愁"的叹息和痛苦,都会在他们的文字中找到幽远的回声。那些文字让我的情感变得细腻而柔韧,善感而美好,如花一样摇曳生姿,如水一样清澈见底,清纯可爱,活色生香。

从某种程度而言,一个人的成长史就是阅读史。一个孩子的童年和少年时期的阅读,便是浸染在他们成长史上至关重要的底色。

在我看来,以考试为轴心的智商的训练和培养,固然不能丢，但情商在孩子的成长中也起着至关重要的作用，是无可替代的。而读书，特别是阅读文学方面的书，恰恰是训练和培养孩子情商的最佳路径。我期待这本小书中所写的有关阅读的体会，能够引起孩子和家长、老师们对于纸质阅读的重视，能够有助于孩子们阅读兴趣的提高与能力的培养。更重要的是，能够让孩子们热爱读书，并知道如何从书中获取营养、滋润心灵。这正是我写下这本小书的心愿。尽管力薄气微，却充满期待。张爱玲讲：出名要趁早。其实，读书才更要趁早。读书的童子功，从小练就，一辈子受益无穷。

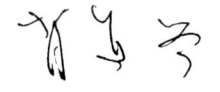

目 录

第一课　读书需要什么

003 \ 读书需要联想

012 \ 读书需要想象

019 \ 读书需要思想

026 \ 读书需要带着问号

036 \ 读书五种能力的训炼

第二课　细读是读书的基础

043 \ 细读法之一

　　　——什么叫细读

050 \ 细读法之二

　　　——短中读细

CONTENTS

056 \ 细读法之三
——细读主要读什么

065 \ 细读法之四
——细读要一口咬住骨头

071 \ 细读法之五
——细读如登山要不停攀登

076 \ 细读法之六
——细读才能品出滋味

第三课 读书入门的几种方法

085 \ 兴趣法
——读书的入门向导

090 \ 对读法
　　——找到彼此的异同处

097 \ 关联法
　　——找到参照物

104 \ 拆读法
　　——不一样的阅读体验和发现

112 \ 深读法
　　——深读逼迫深入思考

120 \ 一口井读法
　　——不入虎穴，焉得虎子

127 \ 重读法
　　——最有价值的阅读

第一课

读书需要什么

读书需要联想

机械式读书，就是仅仅读懂了字面的意思，如同盲人探路，文字的识得，是手中的拐杖；内容的流动和走向，是脚下的盲道。

读书需要联想，就是让我们能够睁开眼睛，看到文字背后或之外的一些东西。好的文字，总会有言外之意，即我们中国从古至今为文之道所特别讲究的韵味。韵味，需要仔细品味。品味，就是要用自己切身的感受来揣摩文字其中的味道。品书如品茶，茶过三巡，才能够品味出茶的味道。读书中的联想，就是在反复的阅读中，用联想这样最初级的方法，一步又一步地来加强并加深自己在阅读中的切身感受。

联想，就是由此及彼，从此岸到彼岸的一座小桥，或一尾小船。联想，让文字舒展了腰身，如同被水洇开，漫延到更开阔的地方。在阅读中，读作者在文字中的联想，由此连带自己再去联想,这样两个联想碰撞在一起,便会激荡起璀璨的火花。这将是最初阅读时候的最佳状态。

在阅读中,有了联想,会帮助我们提升阅读兴趣;

在写作中,有了联想,会帮助我们提高写作能力。

好的文章中,几乎没有不用到联想这一最古老的方法的。学习这种方法,还得从阅读本身入手。

我选择的是秦牧先生的一篇老文章《社稷坛抒情》。我读中学时,在语文课本里就学过这篇文章。文章围绕社稷坛展开联想进行写作。

社稷坛,在北京的中山公园内,是皇帝当年祭祀土地的地方,由五种颜色的土组成,以代表土地,古时候称之为皇天后土的后土。北京人都管它叫"五色土"。面对这样一块地方,秦牧先生是如何"抒情"的呢?他这样写道——

你不由得涌起一种遥接万代的感情。我们居住的这个星球在最古老时代原是一个寂寞的大石球,上面没有一株草,一只虫,也没有一层土壤。经过了多少亿万年,太阳风雨的力量,原始生物的尸骸,才给地球造了一层层的土壤,每经历千年万年,土壤才增加薄薄的一层,想一想我们那土壤厚

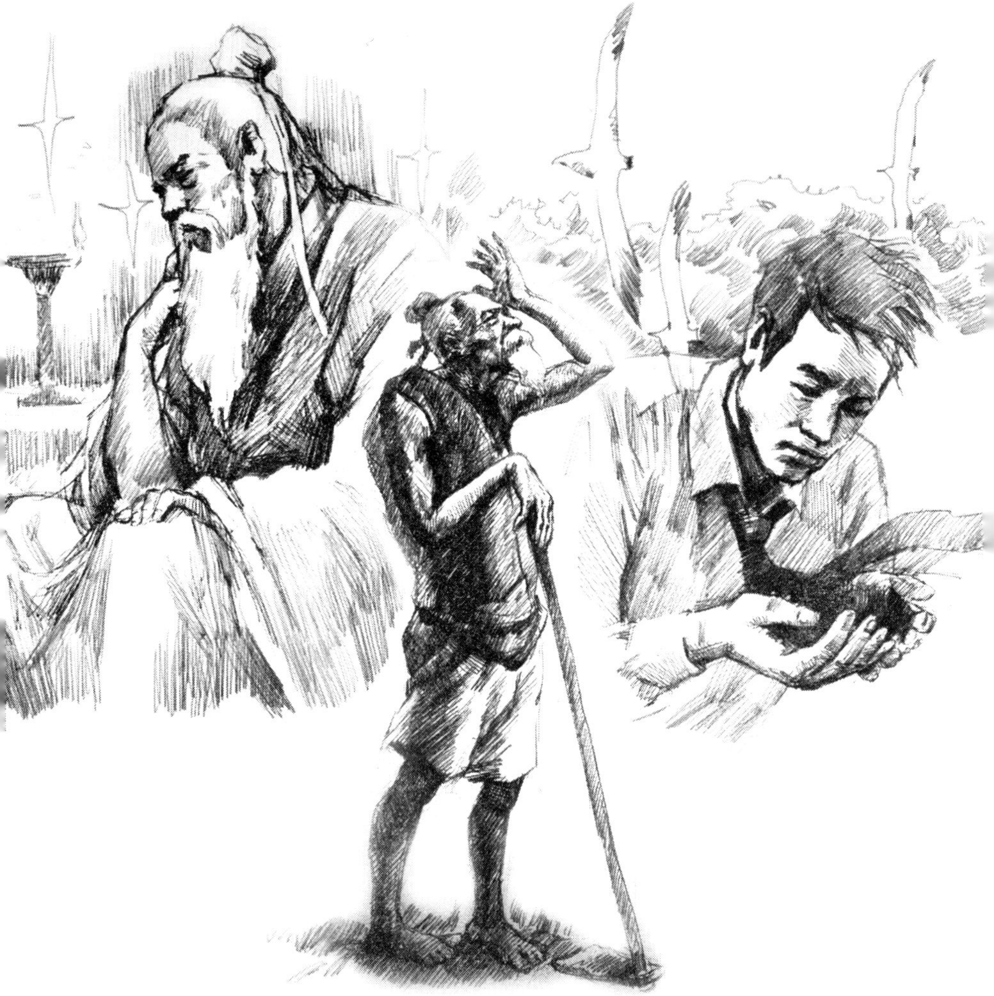

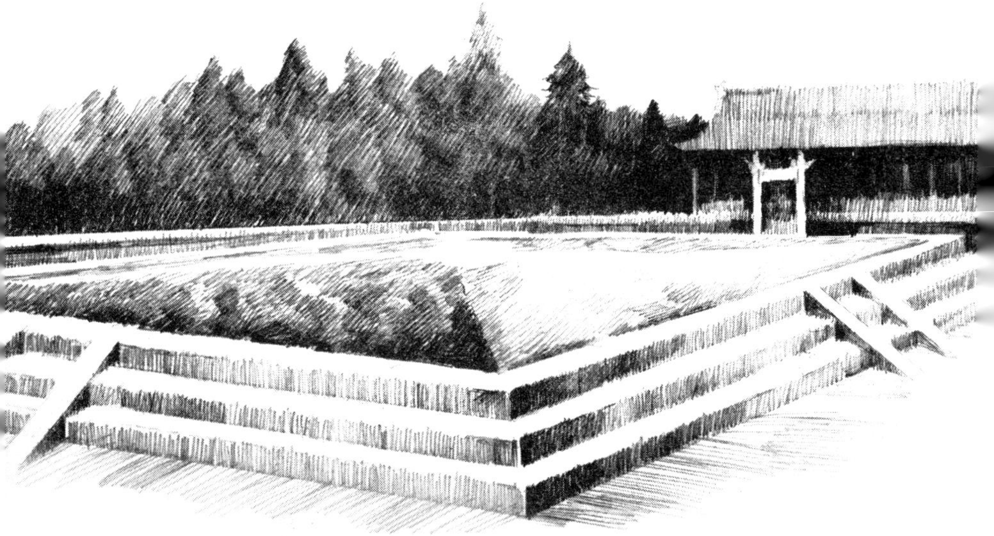

达五十公尺的华北黄土高原吧！那该是大自然在多长的时间里的杰作！

写到这里，还没有联想，只是关于土地的知识的陈述。如果文章就这样写下去的话，只是一篇科普知识的短文，算不上一篇优秀的散文，难以被选入语文课本，更难以流传至今。我们接着读，下面，联想出场了，文章如水跌宕了一下，有了起伏，翻起了漂亮的波浪：

> 但这还不算，劳动者开辟这些土地和大自然进行了多么剧烈的斗争呀！这种斗争一代接连一代继续着，我们仿佛又会看见古代唱着《诗经》里怨愤之歌的农民，像敦煌壁画上面描绘的辛勤劳苦的农民，驾着那种和古墓里挖掘出来的陶制高轮牛车相似的车子，奔驰在原野上，辛苦开辟着田地。
>
> 你在这个五色土坛上面走着走着，仿佛又回到公元前几千年去，会见了古代的思想家，他们白发苍苍，正对着天上的星辰，海里的潮汐，陶窑的火光，大地的泥土沉思。那时的思想家没有什么书籍可以阅读参考，日月经天，江河行地，四时代谢，万物生死的现象，都使他们抱头苦思……正是由于古代有这样的思想家在这样地思想过，才给后来的历史和

我们创造了这样一个五色的土坛。

在这里，秦牧用了两次"仿佛"。"仿佛"，就是秦牧的联想。第一次，他联想到了《诗经》和敦煌壁画，以及从古墓里挖掘出来的陶制高轮牛车。第二次，他联想到了古代的思想家。第一次联想，是关于劳动者对土地的奉献；第二次联想，是关于思想家对于土地的创造。第一次是体力劳动者，第二次是脑力劳动者。这两种人成就了今天的祭坛，让祭坛有了庄严神圣的意义。

联想到这样两种人，是容易的，也是初步的；将这种简单的初步的联想，具体化，形象化，则是联想的深入，是联想的高级阶段。关于劳动者的联想，秦牧先生写了《诗经》、敦煌壁画和古墓出土的牛车等典籍和文物。关于思想家的联想，秦牧先生则是让他们面对天上的星辰、海里的潮汐、大地的泥土、陶窑里的火光等大自然具体的事物。从前者，我们可以看到作者的知识储备；从后者，我们则能够看到作者形象化书写的笔力。

紧接着，秦牧先生写道——

> 瞧着这个社稷坛，你会想起中国的泥土，那黄河流域的黄土，四川盆地的红壤，肥沃的黑土，洁白的白垩土……你会想起文学里许许多多关于泥土的故事：有人包起一包祖国

的泥土藏在身旁到国外去；有人临死遗嘱必须用祖国的泥土撒到自己胸上；有人远适异国归来，俯身去吻一吻自己祖国的土地。这些动人的关于泥土的故事，使人对五色土发生了奇异的感情，仿佛它们是童话里的角色，每一粒土壤里都可以叙述一段奇特的故事，或者唱一首美好的诗歌一样。

看，在这里，秦牧先生用了两次"想起"，这里的"想起"，也是联想。第一次，联想到了祖国各地不同颜色的土壤；第二次，联想到了文学作品里关于土壤的动人的故事。无疑，这样的联想，增添了文章的色彩和厚度，也开启了读者的想象之旅。有了这么多丰富的联想，让社稷坛无限开阔，而不再只是这一方小小的五色土。自然，文章便也就丰富开阔起来。

和秦牧先生一样，将联想的写作手法运用得纯熟的作家还有很多，周涛就是其中一位。他的《大树和我们的生活》由大树联想到我们的生活。生活是抽象的概念，大树是具象的事物，将抽象与具象连在一起，靠的就是联想。有了这样的联想，生活就像大树一样，看得见，摸得着了。

在这篇散文中，周涛开章明义先说，大树是我们的亲人和老师，因为它伟大、高贵而智慧。然后，他接着从哲学的高度说："没有什么哲学比一棵不朽的千年老树给人的启示和教益更多。"

文章至此所涉及的词语，诸如伟大、高贵、智慧和启示、教益，还都是概念，而不是形象。后面才开始展开联想，让这些概念升华为形象。

大树的存在是"贡献了自己的全部，从枝叶到花果根干，却也从未向人们索取过什么，许多家畜供人驱使食用，但同样也靠人喂养照料。树木是用不着人养的，它在大自然中活得好好的，姿态优美，出神入化"。这里出现的家畜，就是联想。联想起到了对比的作用，让大树的贡献和不索取，由抽象变为具象。

大树"不靠捕杀谁、猎获谁而生存，但它活得最长久。这可真不是一件简单的事儿，它连草都不吃，连一只小虫子的肉也不吃，但它却能长得最高大、最粗壮、最漂亮"。这里出现的草和小虫子，就是联想。这里，联想起到了侧面描述和抒情的作用，说明大树不靠捕杀猎获而生存并活得长久。联想如同在行文中设置起来的一面镜子，映照出大树的形象。

为了进一步说明大树活得长久，周涛接着使用联想的武器。他一下子水银泻地般联想到塔克拉玛干沙漠边缘墨玉县八百年的梧桐树、五百年的无花果树之王和哈密百年的左公柳。他以豪放和敬仰之情，讲述了这些高龄的大树是如何到现在还活得枝繁叶茂，像巨人，用自己纠缠盘绕的枝干，编织成自己的宫殿，由此"使人望之而生敬仰之心、爱慕之情，使人认识到伟大、高贵、智慧这些词语从人类头脑中产生时的本意"。一下子，又回到文章的开头。八百年的梧桐树、五百年的无花果树、一百年的柳树，是这样丰富而生动的联想，为那些抽象的词语注入了形象的血液。

再举一个例子：史铁生的《二姥姥》。史铁生笔下的二姥姥是一个命运沧桑的老人。关于老人的很多故事史铁生并不知晓，史铁生只记得童年时二姥姥摸他的头的时候"她手上冰凉而沉缓的颤抖"。《二姥姥》这篇文章就是从二姥姥纤细的手指在史铁生的发间穿行时的颤抖展开的。这"颤抖"该怎么描写？史铁生用的方法，也是联想。

他这样写道：

> 这颤抖是一种诉说，如同一个寓言可以伸展进所有幽深的地方，出其不意的令人震撼。这颤抖是一种最辽阔的声音，譬如夜的流动，毫不停歇。这颤抖，随时间之流拓开一个孩子混沌的心灵，连接起别人的故事，缠绕进丰富的历史，漫漶成种种可能的命运。

他用了三个排比句。这三个排比句，都是他的联想。在他的联想中,颤抖如同寓言的一则诉说,如同夜的流动的一种声音,还可以成为故事、历史与命运的代名词。前两个联想,他借助比喻;第三个联想,则为了展开下面对二姥姥的描写,他所说的故事、历史和命运,都是二姥姥的故事、历史和命运。他巧妙地运用了联想,不仅让颤抖形象化,也为文章后面的演进提供了暗示和铺垫。

不论是如秦牧和周涛那样的知识的储备,还是史铁生作品里体现的那样形象化的笔力,都是让联想得以出发的行之有效的好方法,是让我们摆脱拐杖和盲道而可以走远的切实可行的好方法。这也是阅读过程中关于联想训练的两种好方法。在这样的阅读中,联想帮助我们深入阅读,读到乐趣,读出味道;同时,也锻炼了我们自己的联想能力。

▶ **推荐阅读**

☆ 秦牧《社稷坛抒情》 ☆ 史铁生《二姥姥》

读书需要想象

联想和想象，是住在一起的邻居，密不可分，相互渗透。没有联想，便没有想象，联想是想象的跳板、助推器，甚至有时是发射器。想象，则是可以吹动航船远航的风。有时候，联想丰富了，不由自主会带动想象如花缤纷盛开；同样，想象丰富了，也会让联想如鸟纷纷飞起飞落。

没错，联想和想象，是读书时候最好的一对兄弟或闺蜜。读书需要联想，更需要想象。因为，联想有时可以是形象化的，也可以是抽象的，但是，想象，一般都是形象的，是为了让文字翩翩起舞。也就是说，在阅读的过程中，仅仅靠联想是不够的，还需要让自己的想象把白纸黑字激活，而不再仅仅是从文字到文字，只是解词、分段，总结中心思想和写作特点老三样式的阅读。这样的阅读，才会是主动的，加入了自己的情感和心思，和作者有了互动，让单摆浮搁的文字有了色彩，有了生命。而这种色彩，这种生命，因有你的想象，是独属于你的。很有可能，你的想象会和作者所要表达的不尽相同，但是，也很有可能，你扩展了作者的表达，重要的是，这样的阅读，让你有了属于自己的一份收获，从而化为自己能够吸收的营养。

怎样才能让自己在阅读中产生并激发想象？

从我自己的阅读经验看，首先，是从作者在写作这篇文章的过程来看，来分析，来学习，他是如何在文字书写的过程中进行想象力的抒发的。我们可以照葫芦画瓢，比样来进行我们自己的想象力训练。这是最便当的方法，因为看得见，摸得着，范本就在眼前。

比如，读季羡林先生的散文《夹竹桃》。他在写月光下的夹竹桃一段时，运用的就是明显的想象方法：

> 我特别喜欢月光下的夹竹桃。你站在它下面，花朵是一团模糊；但是香气却毫不含糊，浓浓烈烈地从花枝上袭了下来。它把影子投到墙上，叶影参差，花影迷离，可以引起我很多幻想。我幻想它是地图，它居然就是地图了。这一堆影子是亚洲，那一堆影子是非洲，中间空白的地方是大海。碰巧有几只小虫子爬过，这就是远渡重洋的海轮。我幻想它是

水中的荇藻，我眼前就真的展现出一个小池塘。夜蛾飞过映在墙上的影子就是游鱼。我幻想它是一幅墨竹，我就真的看到一幅画。微风乍起，叶影吹动，这一幅画竟变成活画了。

在这里，季羡林先生说的"幻想"，其实就是想象。月光下，夹竹桃映在墙上的影子，是我们能够看到的最为平常的客观现象，但这一客观现象，却让季先生如同糖葫芦串一连串起了七个意象：地图、大海、海轮、荇藻、池塘、游鱼和水墨画。看，夹竹桃的影子，是不是一下子就无比丰富生动起来了？如果没有这些想象，夹竹桃的影子，只是影子。

想象，让映在墙上的花影一下子生动了起来。幻想它是地图，一会儿像亚洲，一会儿像非洲，空白的地方，又想象成大海，碰巧又有小虫子爬过，就又把小虫子幻想成海轮。想象，就像是一条小船，载我们看一路风光旖旎。

想象，让映在墙上的花影一下子丰富了起来。地图、池塘、游鱼、墨竹画……一连串的幻想，如同一连串的爆竹次第爆响，让夹竹桃的影子，如同万花筒一样，在我们的眼前展示着它的多姿多彩。可以设想，如果没有这些想象，那么，夹竹桃的影子，不过就是影子而已，寂寞地映在墙上。

需要格外注意的一点是，文中所有的想象，都是依托在夹竹桃的影子上,而这样的影子是有一定客观条件制约的,就是文中所说的"叶影参差,花影迷离";此外,是"微风乍起,叶影吹动"。如果失去了月光和夜色的作用,以及微风乍起这样三个条件,想象就会无从谈起。想象如果与这样三个条件不相吻合,便容易成为乱想而没有了章法,比如,将月夜换成了白天,或者没有风,夹竹桃的影子一动不动,文章中所写的这些想象就无法发生了。想象,不是天马行空,亦不能是无根之木,无源之水。

在这一段文字中,我们还可以读出作者是如何充分展开想象的翅膀,而不是让想象如蜻蜓点水,从而使得文字格外生动起来。起码,我们可以学习到这样两点:

一是大环套小环。看季先生在把夹竹桃的影子想象成地图时,没有浅尝辄止,而是接着想象那些没有夹竹桃的影子的空白地方,应该把这些地方想象成什么呢?哦,把那些地方想象成大海。小虫子又爬过来了,可以把小虫子想象成什么呢?哦,把小虫子想象成在大海上航行的海轮。简直像俄罗斯套娃,不停地让想象在文字中跳跃闪现。这样紧密连在一起的想象,又都是和地图这个最先出现的想象相关,或者是它的升发和漫延,就像下跳棋一样,从这个格子里跳进另一个新格子里。这种想象接力赛的方法,非常值得我们学习。

二是借助他物,不局限于想象的基点上,而是能够跳进跳出。看，把爬过来的小虫子想象成海轮，把飞过来的夜蛾想象成游鱼，都是让偶然闯进夹竹桃影子里来的小虫子和夜蛾帮助想象的展开，让想象如一粒种子，可以发芽长大。

如此的方法，我们完全可以学习，运用到我们自己的阅读之中。当我们读到"我特别喜欢月光下的夹竹桃……"时，我们先不要着急往下读，而是停一停，想一想，如果是自己想象的话，下面该如何写？我们是否也能想起地图、大海或池塘和水墨画？或者想象成其他别的更有意思的东西？

除此以外，还可以列举另一篇散文，这便是赵丽宏的《水迹的故事》，写的是房顶天花板上的水迹。

赵丽宏这样写道："晚上睡觉时，头顶上那布满水迹的天花板就是我展开想象翅膀的天空。"一语道出，他要使用的方法就是想象。

我们来看他是如何想象的。他说："有一天下大雨，大人们手忙脚乱忙着接水，我却心里暗喜，因为晚上睡觉时天花板上一定会出现新的风景和故事。"和《夹竹桃》一样，都写的是晚上，但季羡林先生选择的是一个月白风清的晚上，赵丽宏在这里选择的则是一个下大雨的晚上，这样水迹就有看头了，我们读起文章来，也就有兴趣了：

那天夜里,天花板上果然出现了许多奇形怪状的水迹。新鲜的水迹颜色很丰富,有褐色,也有土黄,还有绛红色。我在这些斑驳的色块中发现了惊人的画面。那是海里的一个荒岛,岛上有巨大的热带植物,还有赤身裸体的印第安人……看着天花板上的这些画面,我记忆中所有有关印第安人的故事都涌到了眼前。那时刚刚读过笛福的《鲁滨逊漂流记》,小说中那些使我感到神秘的"土人",此刻都出现在我眼前的天花板上,栩栩如生地对我挤眉弄眼。在睡意蒙眬中,我仿佛变成了流落孤岛的鲁滨逊。

看,这是一段多么精彩的想象。和季羡林先生由夹竹桃的花影到地图、大海、海轮、荇藻、池塘、游鱼和水墨画那样散点透视般的缤纷想象不同,赵丽宏将水迹聚焦在荒岛这样一处集中做想象。想象的层次,由荒岛展开,热带植物、印第安人、神秘的"土人"、鲁滨逊……由此次第出现了人物和故事,有了完整的情节性的链条。天花板上水迹的影子,成了他想象的舞台。这个舞台上,不仅有他想象中的人物和故事,也有他因想象而带动的少年激动的心情。

想象的方法有很多,多阅读,就会学到更多想象的方法。它会带给我们意想不到的快乐,正如赵丽宏所说:"看天花板上的水迹,是我儿时的秘密乐趣,是白天生活和阅读的一种补充。"他说得很对,作者写文章的时候,需要想象来完成;我们读书的时候,同样需要想象来帮助,而这样的想象,会把我们的生活和读书联系起来,让我们从中获得在别处得不到的乐趣。

> ▶ **推荐阅读**
>
> ☆ 季羡林《夹竹桃》　　☆ 赵丽宏《水迹的故事》

读书需要思想

读书需要思想，有两个方面的意思，既是指读书的时候要有自己的思想，也是指所选择的书自身也要具备思想性，而不是选那些只是好玩或对感官有刺激性的书。有人说，要把选择书的自主权完全交给孩子，才是对孩子读书的尊重，是对读书民主化的实行。我是不大赞成这样的主张和说法的。选择书，应该由家长、老师和孩子一起来完成才对，就是说家长和老师要帮助孩子来选书。当然，家长和老师所选的书，也不见得完全适合孩子读，需要孩子从中再来挑选，但是，不能一开始就把选书的事完全推给孩子，而是应在家长老师与孩子对书的反复选择中，敲定适合孩子读的书。所谓适合孩子读，便不仅只是好玩，而是那些书有思想性，能够帮助孩子滋养精神和心灵。

选书，是读书的前奏。前奏的好坏，影响着读书的进行。这个前奏，不是家长或老师的独奏，而应该是由家长、老师和孩子共同完成的合奏。

没错，只有选择那些具有思想性的书，才会启迪并激发孩子们的思想随之一起成长，只有我们孩子们的思想在阅读中得到成长，才会逐渐读懂读深书的本身。这是船的一双桨，可以彼此促进，相辅相成。

这一次，我选择的是鲁迅先生的《风筝》。在给孩子推荐鲁迅先生的篇目的时候，《风筝》是我的首选。因为它所写的题材是孩子熟悉的生活，它所表达的内容，具有今天依然并不过时的深刻思想性。当然，还有《五猖会》，这两篇作品都是写孩子爱玩的游戏，互相对照看，会更有意思。

一个写的是放风筝，一个写的是看五猖会，都是孩子的心中所爱。但是，如果两篇作品仅仅写的是孩子的游戏，写得再漂亮，也只是游戏的详尽的画面，或者是深情的怀旧，这类文章比比皆是。但鲁迅让我们感叹和敬佩的是，他不仅仅是为了写游戏，更不仅是为了怀旧，而是要在自己曾经亲身经历的游戏中渗透一种思想，这种思想，便是对不顾儿童天性的旧式教育的批判。这种思想，直到今天，依然具有现实意义。

在《风筝》中，鲁迅先生写道："*游戏是儿童最正当的行为，玩具是儿童的天使。*"在这篇作品中，鲁迅先生批判的就是旧式教育对儿童这种最正当行为的残害。作品主要笔墨放在风筝方面,由看到风筝,想到放风筝,再到做风筝,三级跳,由此将"我"和弟弟两个人物带进文中。鲁迅先生写他不喜欢放风筝,认为"这是没出息所做的玩意"。但弟弟喜欢,放风筝的时候,弟弟会高兴地跳跃,而鲁迅先生"看来都是笑柄,可鄙"。于是,在弟弟做风筝的时候,鲁迅先生立刻伸手把风筝折断,掷在地上,踏扁——三个连续动作,一气呵成。兄弟俩,对风筝的态度截然不同,形象而触目惊心。

写放风筝、做风筝的笔墨用得多,这二者却并不是文章最重要的部分,重要的部分,是后面鲁迅先生年长之后回顾往事,希望得到弟弟的宽恕,弟弟却完全忘记了风筝这回事。文章的思想性,正沉甸甸地表现在这里。并不由于弟弟完全忘记了这回事,鲁迅先生就原谅了自己曾经毁坏掉弟弟的风筝的行为,他深刻反省自己,将自己的这种行为批判为"对于精神的虐杀"。一想起这件事,鲁迅先生就说:"我的心也仿佛同时变了铅块,很重很重的堕下去了。"试想一下,如果没有这样一段的反思,文章便只是儿童放风筝的回忆怀旧。思想性,让文章的深浅薄厚有了明显的分野。

鲁迅先生在《风筝》中所表达的思想性,在《五猖会》中也有。《五猖会》写的是当时孩子最爱的另一种游戏——迎神赛会,类似今天的庙会。去绍兴城外的东关，有六十多里的水路，看五猖会就得坐船走水路去。鲁迅先生小时候和别的孩子一样，渴望看五猖会，那里面有好多穿着好看的衣服、戴着面具的装扮成各种鬼神的人物，特别让人着迷，为了看五猖会，鲁迅先生甚至说："我为什么不生一场重病，使我的母亲也好到庙里许下一个'扮犯人'的心愿呢？"

就在鲁迅先生要上船去东关看五猖会的时候，父亲出现了，要鲁迅先生背书，背不出来，不许去。等到鲁迅先生终于将书"梦似的背完"，大家都很高兴，"工人将我高高举过头，仿佛在庆祝我的成功一般"，可是，这时，鲁迅先生看五猖会的兴致已经消失了。因为父亲的干涉，鲁迅先生对五猖会的兴趣，由起初的兴致勃勃，到后面的索然无味，这其中的反差，我们很容易读出来，替鲁迅惋惜，心里是沉甸甸的。

那么，合上书之后，我们应该再想想，《风筝》里在弟弟面前出现的鲁迅先生，和《五猖会》里在鲁迅先生面前出现的父亲，是不是非常相似？他们都是以家长的姿态，粗暴地折断了孩子爱玩这一天性的双翼。只不过，一个面对的是风筝，一个面对的是五猖会；一个是折断踏扁了风筝，一个是不背完书就不准去看五猖会。

不同的是，《风筝》里，兄弟两人始终没有冲突，风筝被毁

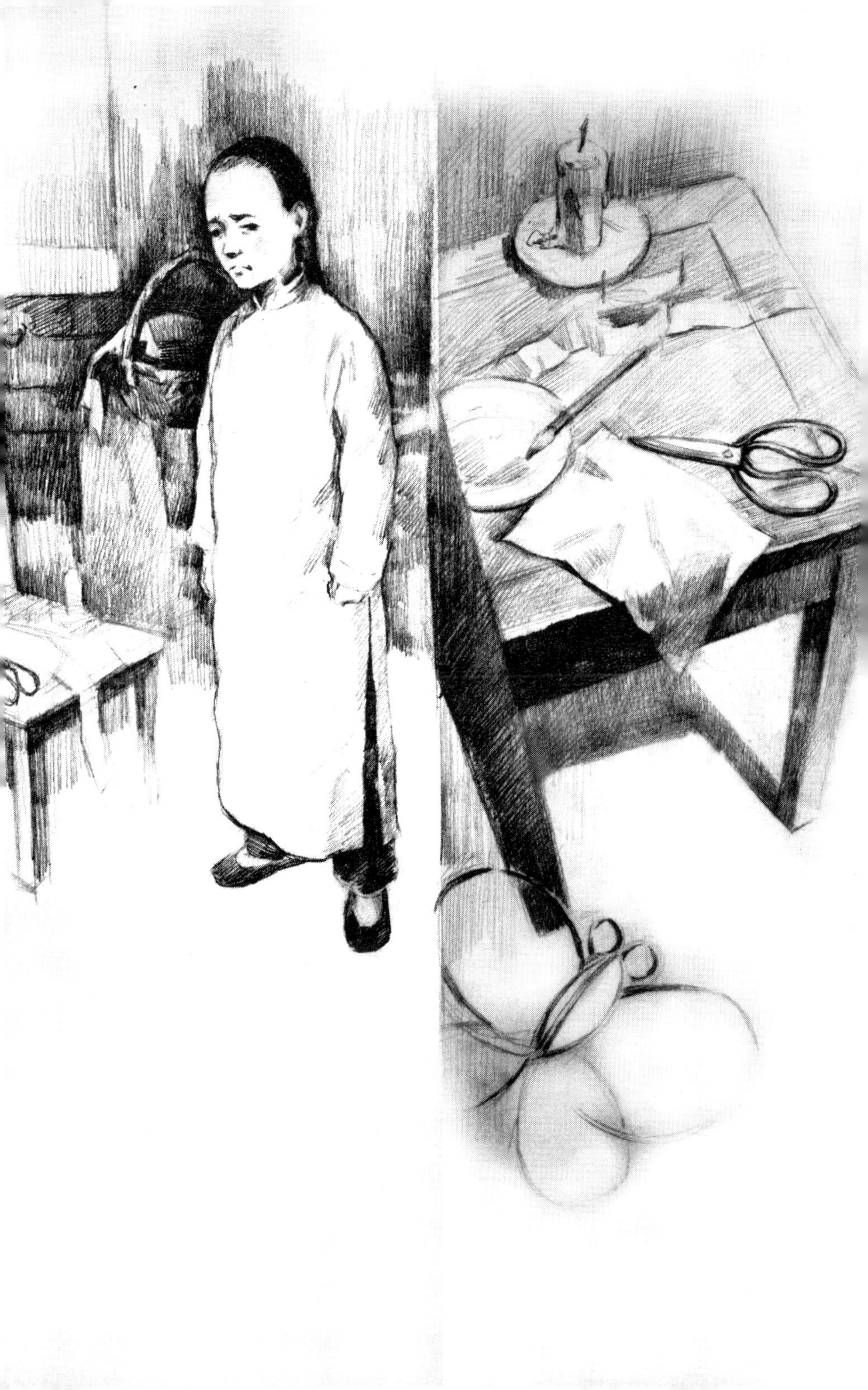

之后，老实的弟弟只是"绝望地站在小屋里"；《五猖会》里、父子冲突中，鲁迅先生心里始终是不满的，否则，他不会说："到了东关五猖会的热闹，对于我似乎都没有什么大意思。"而且，他还带有怨恨地说："我至今一想起，还诧异我的父亲何以要在那个时候叫我来背书。"

找到了两篇作品中的相似点和不同点，我们就更能读明白鲁迅先生在《风筝》里所要表达的思想。鲁迅先生小时候喜欢看五猖会，弟弟小时候喜欢玩风筝。鲁迅先生小时候看五猖会被父亲阻挠，很不满。但鲁迅先生长大之后，却扮演了父亲当年的角色，不许弟弟做风筝放风筝，他走的是父亲教育的老路，他的粗暴甚至比他的父亲还甚。对于这一点，在《风筝》中，鲁迅有深刻的反思，这正体现了鲁迅先生自我解剖的精神。在一百年前那个变革的时代，鲁迅先生对于旧思想的批判和对自我的解剖，在《风筝》一文中得到鲜明而形象的体现。

可以说，《五猖会》是《风筝》的前传，《风筝》是《五猖会》进一步深入的展开。将两篇文章这样对照来读，会让我们读起来更有意思，同时，也更能读出鲁迅先生文章的思想性的深刻。

所以，对于初读鲁迅先生作品的孩子们，我一直觉得《风筝》和《五猖会》是最好的选择。它能够让我们形象化地感受鲁迅先生的批判力量和自我解剖的精神。同时，还能够让我们看到那个时代，看到我们父辈的影子以及我们自己。

鲁迅先生离我们并不遥远，他并不总是一副正襟危坐横眉冷对的样子，他和我们一样都曾有过美好而天真的童年，只是，多年以后，长大的他更善于自我反思、批评和解剖。

孩子们还是需要读一点儿鲁迅的。

> **推荐阅读**
>
> ☆ 鲁迅《风筝》《五猖会》

读书需要带着问号

无论是读一本厚厚的书,还是读一篇短小的文章,都要先问一下,它们的主题是什么?主题,即文章的立意,好的立意,新鲜的立意,自然会使得这本书或这篇文章与众不同,令人耳目一新。

日本作家新美南吉有一篇文章《去年的树》,我曾经给学生们读过。这则童话,现在选入了人教版的语文课本里,文字不长,摘抄如下:

一棵树和一只鸟儿是好朋友。鸟儿站在树枝上,天天给树唱歌。树呢,天天听着鸟儿唱。

日子一天天过去,寒冷的冬天就要来到了。鸟儿必须离开树,飞到很远很远的地方去。

树对鸟儿说:"再见了,小鸟!明年春天请你回来,还唱歌给我听。"

鸟儿说:"好的,我明年春天一定回来,给你唱歌。请等着我吧!"鸟儿说完,就向南方飞去了。

春天又来了。原野上、森林里的雪都融化了。鸟儿又回到这里,找她的好朋友树来了。

可是,树不见了,只剩下树根留在那里。

"立在这儿的那棵树,到什么地方去了呀?"鸟儿问树根。

树根回答:"伐木人用斧子把他砍倒,拉到山谷里去了。"

鸟儿向山谷里飞去。

山谷里有个很大的工厂,锯木头的声音,"沙——沙——"地响着。

鸟儿落在工厂的大门上。她问大门:"门先生,我的好朋友树在哪儿,您知道吗?"

大门回答说:"树么,在厂子里给切成细条条儿,做成火柴,运到那边的村子里卖掉了。"

鸟儿向村子飞去。

在一盏煤油灯旁,坐着个小女孩。鸟儿问女孩:"小姑娘,请告诉我,你知道火柴在哪儿吗?"

小女孩回答说："火柴已经用光了。可是，火柴点燃的火，还在这盏灯里亮着。"

鸟儿睁大眼睛，盯着灯火看了一会儿。

……

这则童话的后面还有两句话，这两句话暗含着文章的主题，我没有接着读下去，而是请同学们自己来设想一下：应该是什么样的话？如果是你来写，会怎样写？

你写出的，其实就是你读这则文章的时候读出来的主题，或者说，是你为这则文章所确立的主题。这衡量着你对这篇文章阅读的深浅程度、对主题把握的能力。

这样一说，同学们回答很踊跃，说什么的都有，但大多数同学说的是：鸟很伤心，树木被伐倒，人类为了自己做门、火柴等所需要的材料，无情地破坏了大自然……这样的回答也没错，但是，这样的主题，大部分同学都能够想到，所以，是一般化的，也就不大新鲜。

在阅读的过程中，怎样才能读出文章蕴含的深层的主题呢？

阅读的时候，不要忙着先看结局，而要不断给自己提问题，给自己设置问号：下面作者会怎么写？别人会怎么想？如果是自己，又会怎么写？怎么想？最后再来看书或文章的结尾，看看作者是怎么写的，和自己的想法是否一致？如果一致，说明自己读懂了文章的深意；如果不一致，就想想，为什么会出现这种情况？是自己没读明白作者的本意，还是自己的想法比作者更好？当然，大多数时候，是自己没读懂文章的深意，但也许随着阅读功力的加深，有的时候，你的想法，会比作者写的还要好，还要高明。

在阅读时这样主动思考，与作者互动，会不断提高自己的阅读能力，读懂文章的主题。

我们还是来看看《去年的树》的结尾：

> 接着，她就唱起去年唱过的歌给灯火听。
> 唱完了歌，鸟儿又对着灯火看了一会儿，就飞走了。

显然，这就不是人类要保护大自然的主题了，而是关于美好的主题，是对逝去的美好时光与事物的向往与怀念。显然，这样的主题新鲜而别致，更能够让我们的心为这只鸟而感动。

袁鹰老师的散文《萧山杨梅》，也曾经被选入小学语文课本。这是一篇写老师的文章，但是看题目，是有关杨梅的，这是怎回事呢？是以物喻人吗，还是杨梅里面有老师的什么故事？在阅读之始，我们要先问问自己这些问题，然后再带着自己设置的问号来阅读。

在这篇散文的第一段，袁鹰老师先写了好多好吃的杭州水果，但在杭州众多的水果中，他常常先想到萧山杨梅。为什么？这应该是我们为自己设置的第二个问号。

袁鹰老师紧接着写了，萧山杨梅"给我的心中带来一丝温暖，因为它使我想起小学时代的一位老师"。他还是没有具体写萧山杨梅是怎么回事，只是用杨梅带出了老师，进入下面具体写老师的事情了。

具体写了老师这样两件事情。

一件是这位金老师，教授语文课时注重鼓励学生的课外阅读，他推荐"我"读了亚米契斯的《爱的教育》和冰心的《寄小读者》，把"我"从武侠小说中拽了出来。

另一件是暑假里，金老师让"我"和另一个同学，帮助他整理学校图书馆里的图书，校园里非常安静，只有窗外的蝉鸣陪伴"我们"默默地工作。

杨梅还没有出场。杨梅要到什么时候出场呢？既然是杨梅给了"我"温暖，让"我"想起了老师，杨梅一定和金老师密切关联。那么，杨梅出场，会和金老师有什么关系呢？或者说，杨梅出场，对于描写金老师能起到什么作用呢？这应该是我们为自己设置的第三个问号。

图书整理了四五天，整理完了。"金老师很高兴，我们也很高兴。这时正是一天最热的时候，他叫那个同学到楼下打一盆凉水来，大家擦擦汗；又掏出五角钱，叫我到外面去买杨梅。"——杨梅出场了，原来是在这时候出场的，金老师为了犒劳大家而让"我"去买杨梅。很自然，水到渠成。

那么，这个几乎到了文章快要结束的时候，才出场的杨梅，会起到什么作用呢？《去年的树》中那只鸟最后唱的歌，表达的是文章的主题，这里的杨梅要表达什么呢？这是我们为自己设置的第四个问号。

袁鹰老师在文章里写道："我从来没有一次买过这么多杨梅。"又说，"萧山杨梅，我们在杭州年年吃，唯有这一次吃得最开心，最惬意。颗颗杨梅，又甜又有点酸，一直甜到心里，把嘴巴和舌头都染红了。"

写吃杨梅，吃得美，吃得难忘，吃得他们不住地感谢金老师。金老师却说："我要感谢你们，帮我理书，我可以早几天过江回家了。"

原来，杨梅所起到的作用，不是我们常见的那种象征笔法，用杨梅比喻或衬托金老师是多么的高大，而是表现得这么稀松平常。有了杨梅,金老师这个人的形象便显得很生动具体、和蔼可亲。杨梅不是为了突出主题,而是为了帮助描摹人物,表达了学生和老师之间的感情。

看,在这样我们自己设置的四个问号的阅读中,体会是不是更深,更有意思?

汪曾祺先生的小说《黄油烙饼》,是写一个叫萧胜的八岁小男孩思念奶奶的故事。那么,黄油烙饼肯定和奶奶有关。但是,小说开始部分,中间部分,甚至一直到快结束了,我们仍读不出这个黄油烙饼和奶奶有什么关系。

小说结尾前,黄油烙饼始终没有出现过,出现的只是两瓶黄油。一共出现过两次,都只是一句话,一次是爸爸来奶奶家看萧胜(因为爸爸在野外的马铃薯研究站工作,萧胜三岁就被送到乡下的奶奶家),"爸爸带回来半麻袋土豆,一串口蘑,还有两瓶黄油。"一次是奶奶在灾荒年饿死后爸爸赶回来,料理完奶奶的丧事,带萧胜回他工作的地方,把一些能用的东西装进一个大网篮里带走,其中有奶奶给萧胜做的两双新鞋,"把两瓶动都没有动过的黄油也装进网篮里。"就这样简单,一笔带过,没有深描。如果读得不仔细,很容易滑过。

黄油是爸爸带给奶奶的,为什么爸爸又带回去了?

奶奶把同样是爸爸带来的土豆和口蘑都做菜吃了，为什么偏偏没有吃黄油呢？

奶奶是没舍得吃，还是吃不惯？吃不惯，不应该是理由，在那个饥荒的年月，奶奶饿得浑身浮肿，什么都可以吃，为什么偏偏不吃黄油？

如果我们回答不了这些问题，可以再往回看看，爸爸留下黄油的时候，奶奶曾经叫爸爸把黄油拿回去："你们吃吧。这么贵重的东西。"而且，"奶奶把两瓶黄油放在躺柜上，时不时拿抹布擦擦。"可见，奶奶是舍不得吃，看着黄油，就会想起萧胜的爸爸，她的儿子。这是奶奶的一份亲情，感染着萧胜并传递给萧胜。

一直到小说的结尾，三级干部大会在爸爸工作的地方开了三天，那些人吃了三天好吃的。第一天吃的羊肉口蘑臊子面，第二天吃的炖肉大米饭，第三天吃的黄油烙饼——黄油烙饼终于出场了。但是，不是萧胜吃，是人家吃。萧胜没吃，却馋得想吃，"羊肉、米饭，他倒不稀罕；他见过，也吃过。黄油烙饼他连闻都没闻过。是香，闻着这种香味，真想吃一口。"于是，有了小说的结尾，妈妈从那两瓶黄油中拿出一瓶，给萧胜烙了两张黄油烙饼。

读到这里，先不要急着读下去，我们应该再给自己设置几个问号：萧胜吃到黄油烙饼了，但是，这个黄油烙饼和奶奶有什么关系呢？又怎么来表达萧胜对奶奶的思念呢？我们来看看作者是怎么写的：

> 萧胜吃了两口，真好吃。他忽然咧开嘴痛哭起来，高叫了一声："奶奶！"妈妈的眼睛里全是泪。爸爸说："别哭了，吃吧。"萧胜一边流着一串一串的眼泪，一边吃黄油烙饼。他的眼泪流进了嘴里。黄油烙饼是甜的，眼泪是咸的。

写得真好，让我们感动。萧胜对奶奶思念的感情，在吃到黄油烙饼的瞬间爆发，不用再说任何别的了，因为别的什么话都是多余的，黄油烙饼中蕴含着萧胜小小年纪里对奶奶的回忆。同《萧山杨梅》中的杨梅为了描摹人物的作用不尽相同，黄油烙饼更是为了表达对人物的感情。

读书的时候，不断给自己设置问号，有助于我们理解文章的深意，同时，让我们体会到作者为什么在这里要这样写，在那里又那样写，从而学习文章起承转合的微妙。

不断给自己设置问号，不仅可以掌握阅读的一种技巧，更可以让自己的心被调动得主动一些，让自己变得能在阅读中与作者互动，产生交流和参与的乐趣、发现和发掘的乐趣。我们给自己设置的问号越多，最后问题解决得也就越多，我们读书的收获便也就越多。

► 推荐阅读

☆【日】新美南吉《去年的树》　　☆ 袁鹰《萧山杨梅》

☆ 汪曾祺《黄油烙饼》

读书五种能力的训炼

牛津大学教授约翰·凯里写过一本《读书至乐》的书,在这本书中,他谈了读书的乐趣,也谈了读书的意义,以及关于读书方法的训炼。

约翰·凯里首先开宗明义说:

> 读书的特别之处在于——书籍这种媒介与电影电视媒介相比,具有不完美的缺陷。电影与电视所传递的图像几乎是完美的,看起来和它要表现的东西没有什么两样。印刷文字则不然,它们只是纸上的黑色标记,必须经过熟练读者的破译才能具有相应的意义。

电影和电视时代乃至网络时代的迅速到来,给农业时代传统的纸面阅读带来了强烈的冲击，约翰·凯里教授强调的"必须经过熟练读者的破译才能具有相应的意义"，对于今天格外具有现实意义。他告诉我们，如今的读书没有看影视图像那样容易，也不只是认字那样简单，而是已经成为一种能力，只有具备了这种能力，才能读出书本中相应的意义，当然，还能够读出相应的乐趣。只是，我们的大人，现在更加重视的是获取财富或升迁的能力；我们的学生，重视的是考试的能力。阅读的能力，越来越被我们忽视，或者仅仅沦为一种应付考试应付老师家长的实用而机械的能力。和前人相比，我们读书的能力，不能说是大幅度的退步，起码和我们对财富或对考试分数的渴望与热情度相比，不成比例。

在这里，约翰·凯里首先强调的是读书的"破译"能力。也就是说要从文字中读出其中的奥妙与微妙，破解看似简单平易的文字表面所隐存或潜在的密码，读出文字之外的三味。

约翰·凯里接着说：

> 这一过程所需要的想象力，跟其他脑力活动所需要的任何能力都不同。如果阅读消亡的话，这种能力也就会消失——其后果不堪设想。因为阅读和文明是共同发展的，谁也不知道二者是否可以离开彼此独立存活下去。

在这里，约翰·凯里强调的是读书的"想象力"。他甚至把这种"想象力"和文明的发展相提并论。可见，读书中"想象力"的重要性，不具备这种能力，也就难以在读书的时候读出真正的味道与意义以及乐趣。

如果我们延续前面所说的读书的"破译"能力，那么这种"想象力"应该是"破译"的前提。也就是说，没有"想象力"，"破译"就无从谈起而成为了一句空话。关于想象力，约翰·凯里又说：

> 阅读所要求的想象能力，同个人的判断力以及与其他人共鸣的能力，有着心理学上的联系。没有阅读，这种能力就会衰退。把印刷文字翻译成脑中想象的工作，更具有创造力。

这段话涉及"判断力""共鸣能力"和"创造力"这三种能力。这三种能力，是我们能否具有读书想象力的必备条件。

"判断力"是理性的，"共鸣能力"则是感性的，两者的结合，才会让我们的"想象力"在读书中诞生。

在我看来，所谓"判断力"，指的是我们读书时对书的内容、作者以及书写的时代背景的理解与判断。所谓"共鸣能力"，指的是设身处地地理解作者和作者所写的内容，切实地感受其情其景，方才可以有共鸣，也就是我们经常说的阅读的感动。这种感动,是读书能够真正往下进行与深入的动力,是读书想象力飞翔的翅膀,是将书的内容吸收而化为我们自己营养的潜移默化的过程。

可以这样说,"判断力"和"共鸣能力"是"创造力"的铺垫,只有具有了相应的"判断力"和"共鸣能力",才有可能锻炼出我们的"创造力"。也可以说,前面所说的那一切能力,综合而成的这种"创造力",是读书最终的也是最理想的结果。

破译能力——想象力——判断力——共鸣能力——创造力。

约翰·凯里强调的是这样五种能力的训练与培养。这五种能力,是相辅相成的,互为因果的,既是五种上下的台阶,又是五种相互牵手的力量。有意识地自觉训练自己的这五种能力,是读书的至高境界。这样的读书能力,更多来自我们的情商,并能够相应提升我们的情商。

在我看来,锻炼这五种能力,要在文本细读之中,尽量避免如今流行乃至泛滥的拇指化阅读的浅阅读,才能够逐渐读出并找到符合自己的明确的路径和方便的方法。

我们现在的教育,更重视以考试为轴心的智商的训练和培养,偏偏忽视了情商在一个孩子成长中的至关重要的作用。而读书,特别是阅读文学方面的书,恰恰是训练和培养孩子情商的最佳路径。

约翰·凯里还写了这样一段话——

放下书本,打开电视,轻松的感觉随之而来。这是因为你大部分的思维已经停止了工作。电影影像的光束直射入你的大脑,你被动接受,并不需要输出什么。这就意味着,与读者占大多数的国家相比较,电视观众占大多数的国家基本是不用大脑的。我们的国家在二十年代下半叶从前者变成了后者。

在影像和电脑时代,我们习惯于读图和击打键盘、按动手机按钮——所谓进入了一个拇指化阅读的时代,拇指在替代大脑,我们的阅读能力确实是无可奈何地在退化。约翰·凯里感叹并警告英国人,说他们已经沦落为基本不用大脑的一代。希望我们不要步他们的后尘,希望我们能够认真自觉地训练并培养自己的读书能力,不要让我们这一代成为从用大脑变成不用大脑——也就是不读书,或者准确地说是不会读书的一代。

读书能力的提升,无论对于我们自己,还是国家的未来,意义重大。

第二课

细读是读书的基础

细读法之一

——什么叫细读

读书从来有粗细快慢之分。快速浏览，粗粗翻检，对于选择书时，特别是查阅资料时，是适用的。因为面对很多书乱花迷眼，难以选择时，我们不知道哪本书是我们真正需要的，快速翻阅，从内容到叙事到语言，看看对不对我们的口味，将那些似是而非或南辕北辙的书淘汰掉，是必要的。所谓众里寻他千百度，在千百次寻找的过程中，当然不可能本本都要那么仔细地读，甚至一读到底，没必要将时间浪费在不需要的东西上。这时候阅读中的快，也是一种读书的本事，就好像能在漫山遍野的万花丛中迅速地找到你需要的那一朵红或那一片绿。

但是，当你找到了你需要的或喜欢的书之后，就应该把速度放慢，不要粗心或粗疏地去读，而是要一字一句仔细地读。这更是读书的一种本事。要加强文本细读的训练。如今，我们这样细读训练的欲望不够充分，训练的方法也远远不够多，不够行之有效。

读书细的功夫，是阅读的基本功之一。我一直认为，读书的众多方法，因人而异，但细读却是人人都要努力去做的。我一向不大赞成所谓"读书破万卷"的说法，对于一般读者，特别是对于孩子，这只是一个颇具诱惑力的口号，是难以完成，也是没有必要完成的。不如认真细读几本书。

细读，是读书之必须，是重点，是基础。细读，不仅指细致，读的次数多，还要在读的过程中有所发现，发现书中文字之间微妙的感应，文字背后潜在的秘密，文章传达的精神、思想的魅力所在。同时，细读之后，我们必然会有所触动，感动于书中的内容，更感动于书中文字作用于心的那些细微之处。张岱在《陶庵梦忆》中有句话："着墨无声，墨沉烟起。"沉下来之后的烟起，才是重要的，在心中袅袅升起。没有这样的袅袅升起，读的东西便没有价值和意义，收获就小，甚至只是过眼烟云，一散而尽。

读书要细，这个"细"，说着容易，做起来很难。什么叫细？头发丝这样叫细，还是跟风一样看不见叫细？多读几遍就叫细吗？这么说，还是说不清读书要细的基本东西。不如举例说明。

已故的老作家汪曾祺先生的短篇小说《鉴赏家》，或许能够从阅读的细这方面给予我们一些启发。

小说讲述乡间一个名叫叶三的卖水果的水果贩子，跟城里一个叫季陶民的大画家交往的故事。这个大画家家里一年四季的时令水果，都是叶三给送，所以他和画家彼此非常熟悉。有一次叶三给画家送水果，看见画家正画着一幅画，画的是紫藤，开满一纸紫色的花。画家对叶三说我刚画完紫藤，你过来看看怎么样。叶三看了这幅国画，说：画得好。画家问：怎么个好法呢？

这就要说明什么叫细了。我们特别爱说的词是：紫藤开得真是漂亮，开得真是好看，开得真是栩栩如生，开得真是五彩缤纷，开得真是如此灿烂，但是，这不叫好，更不叫细，这叫形容词，或者叫作陈词滥调。我们在最初阅读的时候，恰恰容易注意这些漂亮词语的堆砌，认为用的词儿越多，形容得才能够越生动。恰恰错了。我们还不如这叶三呢。叶三只说了这样一句话，画家立刻点头称是，叶三说：您画的这幅紫藤里有风。画家一愣，说你怎么看得出来我这紫藤里有风呢？叶三跟画家说：您画的紫藤花是乱的。

这就叫细。紫藤一树花是乱的，风在穿花而过，花才会是乱的。读书的时候，要格外注意这样的细微之处，这是作者日常生活的积累。作者在平常的日子里注意观察、捕捉到这样的细微之处，才有可能写得这样的细。细，不是只靠灵感或者才华就可以写作出来的，而是日常生活在写作中自然的转换。而对于我们读者来说，在文本阅读中读得仔细，会帮助我们在生活中观察得仔细；同样，在生活中观察得仔细，也会帮助我们在阅读中读得仔细，同时，便也会帮助我们在写作时写得细。

我们再接着读汪曾祺先生的小说。又有一次，画家画了一幅画，是传统的题材，老鼠上灯台。画完了以后，赶上叶三又送水果来，画家说你看看我老鼠上灯台怎么样。叶三看完以后，说您画的这只耗子是小耗子。画家说奇怪了，你何以分出来，说说原因。叶三就说：您看您这耗子上灯台，它的尾巴绕在灯台上好几圈，说明它顽皮，老耗子哪儿有这个劲头儿，能够爬到灯台上就不错了，早没有劲头儿再去绕灯台了。

什么叫作细？这就叫细。你看见耗子，我也看见耗子，你看见灯台，我也看见灯台了，但是，人家看见了耗子的尾巴在灯台上绕了好几圈，我没有看见，这就有了粗细之分。

又有一次，画家画了一整幅泼墨的墨荷，这是画家最拿手的。他在墨荷旁又画了几个莲蓬。叶三又送水果过来，画家问他画得怎么样。画家也跟小孩一样，等着表扬呢，因为叶三是他的知音呀，但是，这次叶三没表扬，他对画家说：您呀，这次画错了。画家说我画了一辈子墨荷，都是这么画的，还没有人说我错。你

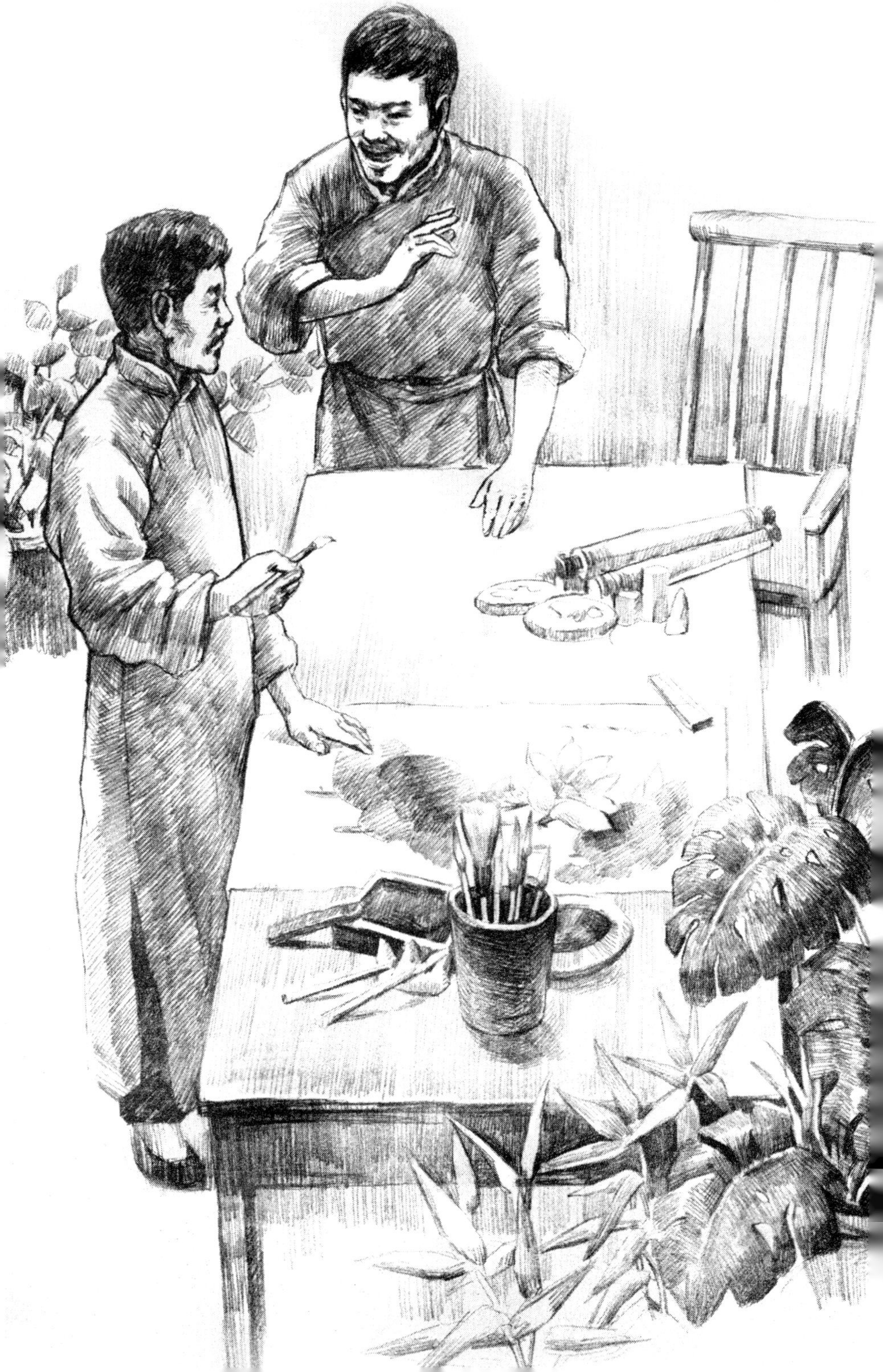

说我错，我错在哪儿？叶三说我们农村有一句谚语：红花莲子白花藕，您画的这个是白荷，白莲花，还结着莲子，这就不对了，应该是开红花才对呀。画家心下佩服，他想，叶三一年四季在田间地头与农作物打交道，人家的农业生活知识比自己来得真切！画家当即在画上抹了一笔胭脂红，白莲花变成红莲花。

细，还在于生活的积累。没有生活知识的积累，只凭漂亮的词语是写不好文章的。叶三告诉了画家，缺乏生活知识，即使画得再细致入微，却可能是错误的，是南辕北辙的。知识是文章写作时的底气和依托。"操千曲而后晓声，观千剑而后识器"，说的就是这个道理。文字表面的细的背后，是知识的积累。这种知识，靠书本的学习，也靠生活的实践。

叶三的故事，让我们明白了什么叫细，细从何得来这样两个问题。阅读，不仅是单纯的文字的解读，更是对文字背后的意思与意义的解读。这个意思与意义，呈现在文字上面，却来源于生活里面。叶三对于生活的仔细观察和思量，让他能一眼看出画家的画作中的细节问题。如果我们能在生活中锻炼出自己的敏锐而细致的眼光，那么我们肯定能够在阅读中体会到作家笔下文字的微妙之处，也能寻找出作家的精微之笔来自何处。同样，我们在读书中体会到这样细微的妙处，我们对生活便也会捕捉到细微而有趣的收获。

细读，锻炼我们的眼睛，让我们的眼睛能够看到文字背后的细微之处；也锻炼我们的心，让我们的心在日常生活之中能够细腻而温柔。

> **推荐阅读**
>
> ☆ 汪曾祺《鉴赏家》

细读法之二

——短中读细

细读最好先从读短文开始。这倒不仅是因为短文短小精悍，更重要的是，优秀的短文，蕴含更多的艺术之道，更值得品味。冰心先生对短文情有独钟，她说她是文章"护短的人"。我也是这样一个"护短的人"。希望大家都来试试做这样的文章"护短的人"，一定会有不一般的阅读体验和收获。

孙犁先生的《相片》是一则千字短文，如果粗看，它只是一篇写抗战之后"我"下乡替抗属给还在前方打仗的亲人写家信的事情的文章。但是，如果细读，我们会发现，写信这件原本平常的事情，在这里含义却很丰富，包含着这些抗属非常复杂的感情。因为是战争期间，这些妇女已经多年未和在前线杀敌的丈夫见面了，她们既想念丈夫，又希望丈夫在前方杀敌获得胜利，自己以后能过上好日子。这种复杂的心情，如何在写信中表现出来，是需要我们在细读中寻找并品味的。

在这则短文中，孙犁先生删繁就简，写了一位妇女要寄给丈夫一张自己的相片。"我"看到这是张日本鬼子占领村子时逼迫人们做良民证时照的相片，便对这位妇女说：干吗不换张相片寄去？

接下来，我们要仔细读的是下面这一段的描写：

"就给他寄这个去！"她郑重地说，"叫他看一看，有敌人在，我们在家里受的什么苦楚，是什么容影！你看这里！"

她过来指着相片角上的一点白光："这是敌人的刺刀，我们哆哩哆嗦在那里照相，他们站在后面拿枪刺逼着哩。"

"叫他看看这个！"她退回去，又抬高声音说，"叫他坚决勇敢地打仗，保护着老百姓……"

这位妇女有意要把自己良民证上的相片寄给自己的丈夫，其深意正在这里。她寄这样一张特殊相片的举动，让孙犁先生敏锐地捕捉到了，写进文章里，成为文章最能打动人的最关键的细节。如果没有这个关键的细节，只能写成这位妇女写信要丈夫在前方勇敢杀敌，替国人报仇！这样的写法，必定很空洞。可以看出，这样的关键细节，对于写作是多么的重要，是需要我们敏锐去捕捉的。

此外，我们还要仔细读，想一想，如果仅仅写到了良民证上的照片，没有"相片角上的一点白光"，还会打动我们吗？我觉得，要欠缺好多了。"相片角上的一点白光"，是从哪里来的呢？是照相的时候日本鬼子枪上刺刀的闪动。

"相片角上的一点白光"，这样的一笔，便是对这张相片具体的描写。具体，并不意味着长篇累牍，有时只需要这样关键的一笔。老师常批评我们的作文写得不够具体，就是在这样需要具体描写的地方，我们忽略了。读孙犁的《相片》，如果只读到寄照片，而没关注"相片角上的一点白光"，便是读得还不够细，自然，读后的收获就降低了，我们自己去写的时候，也就不容易写到了。

再举贾平凹的《吃面》，也很短，只有五个自然段。我们来细读，分析一下，他是怎么来写这五段的——

第一自然段，写盐汤面是陕西耀县的特产，先介绍它的做法："以盐为重，用十几种大料熬成调和汤，不下菜，不用醋，辣子放汪，再漂几片豆腐，吃起来特别有味。"再介绍面馆，不装修，门口只是支着面板和大锅，掌柜的不吆喝，吃客也不说话，一人端着一个大海碗，蹲在街面上吃，吃毕才说一句："滋润"。

需要细读的是,别看一个自然段,短,介绍的两项内容都是概述,却很生动。为什么生动?仔细看他介绍盐汤面时,用的几个动词,菜前是"下",醋前是"用",辣子后是"放汪",豆腐前是"漂",无一字重复,无一字不是常见的俗字,却把各自的特点都写出来了。

再看他写面馆的掌柜、吃客各自的动作,一个"不吆喝",一个"不说话",突然说一句"滋润",可以读出中国白描的特色和魅力,写的都是面的好吃,但他没有写一个"好吃"的词。

第二自然段,"我"十多年前吃过盐汤面,当时"我"在县城北水库写作,朋友请吃饭,下来吃过一次,吃上了瘾。便常下来吃,一次吃两碗,吃出浑身的汗。有一次,"一次返回走到半坡,肚子又饥了,再去县城吃,一天里吃了两次。"从一次两碗,到一天两次,都是写盐汤面不同寻常的好吃,前者是好吃的一般化,后者是好吃的加强版。细读,会发现,生动的描写,如同花香不必多一样,从生活中捕捉到最精彩的那么一点,就可以了。

第三自然段,后来回到西安后,到大饭店吃饭,总是感觉没有吃好,吃饭时也总不再出汗,便又想起了盐汤面。这是过渡,过渡自然,干净利落。

第四自然段,今年夏天,"我"对一位有车的朋友说,到耀县去吃盐汤面。我们用了两个小时开车到了耀县,当年的面馆还在,"依旧是没装修,门口支着案板和环锅。"想吃两碗,结果一碗就饱了,但出了一头的汗。朋友笑我命贱,为吃一碗面,跑这么远的路,光过路费就花了五十元。"我"说:"有这种贱的吗?开着车,跑几小时,花五十元过路费,十几元油费,就要吃一碗啊!"

在这里,朋友和"我"问话和反问式的对话,再次强调的,还是面的不同寻常。而再次强调到这里吃面才又出了汗,是为了和前一自然段在西安大饭店吃饭不出汗做对比。细微之处的照应,是细读这类短文时,尤其要注意的。因为文章短,尤其要细读,不放过一丝一毫的蛛丝马迹,才能读出文章的味道,学习到写作的门道。

最后一个自然段,就一句话:"那面很便宜,一元钱一碗,现在涨价了,一碗是一元五角钱。"

为什么不再写面的好吃,而要写面的涨价?这一点,是要在细读中思考的。当然,我们可以说这里表达了作者无限的感慨,但我们还需要细究一下,是什么样的感慨呢?时光?距离?思乡?或一种"棋罢不知人换世,酒阑无奈客思家"的感喟?

短中读细,是孩子读书的一种最简便也最有效的方法。我谓之阅读中的短跑,百米冲刺中,既有马蹄生风的快感,又有立竿见影的收获。需要注意的是，这样的短文选择尤其重要，一定要选择精彩的。此外，一定要反复多读，才能体会到细读的快感和乐趣。

> **推荐阅读**
>
> ☆ 孙犁《相片》　　☆ 贾平凹《吃面》

细读法之三

——细读主要读什么

好的文章,能够打动人之处,往往不在于叙述,而在于描写。比如《水浒传》让人印象深刻的人物或情节,都是诸如倒拔垂杨柳、风雪山神庙、野猪林、白虎堂、景阳冈等段落的精彩描写。一般而言,叙述是为给文章画上轮廓,而描写才如给文章涂脂抹粉,增添血肉;或者,叙述是为了描写的过渡和说明,犹如乐曲中的间奏,而描写才是作者重要书写的部分,是乐曲中的华彩乐章。阅读时,仔细看文章中是如何描写的,而不仅仅是漂亮词汇的运用。

孙犁先生的《嘱咐》,可以作为我们分析描写的范本。这是孙犁先生1946年写的一则短篇小说,写的是一个叫水生的军人,因为抗战,八年没有见到妻子了。好不容易有了一次探家的机会,但只能在家里待上一夜,第二天一清早就要和部队会合,开拔到新的战场。我这里所说的,就是叙述,为了交代这个故事的背景。显然,这样的叙述不足以打动读者。能够打动读者的,是作者着力描写的,水生回到家里这一夜的情景,夫妻阔别八年之后的重逢,到底发生了什么样不同寻常的,令人感动的事情呢?

孙犁先生不着急,先让水生走了整整一个白天九十里的平原的路,黄昏的时候,水生好不容易走到了村口,走累了,抽了一袋烟,歇息了一会儿。在这一会儿的时间里,水生望了望家乡的平原,想了想:临走时妻子怀着孩子,现在孩子怎么样了?老父亲还在吗?家里的房子被鬼子烧了吗?这是一段心理描写,不仅切合水生八年离家未归在这一刻的心思,更重要的是让水生这一次回家有了足令我们关心的悬念。而且,这其中还有情景交融的描写:西沉的落日,平原的水汽,近在咫尺的家……这景物描写,写出了人物的心情,也成功地设置了悬念,亲切动人,触手可摸。

接下来,水生才回到家。这是这篇小说描写的重头戏。我们来看看,孙犁先生是怎么样描写这一对夫妻阔别重逢的场面的:

> 他在门口遇见了自己的女人。她正在那里悄悄地关闭那外面的梢门。水生热情地叫了一声:
> "你!"

女人一怔,睁开大眼睛,咧开嘴笑了笑,就转过身子去抽抽搭搭地哭了。水生看见她脚上那白布封鞋,就知道父亲准是不在了。两个人在那里站了一会。还是水生把门掩好说:"不要哭了,家去吧!"他在前面走,女人在后面跟,走到院里,女人紧走两步赶在前面,到屋里去点灯。水生在院里停了停。他听着女人忙乱地打火,灯光闪在窗户上了,女人喊:"进来吧!还做客吗?"

看,写得多么干练,又多么精彩。描写,不是不吝语言的大肆铺排,而是用干净的语言,将特定的情境中人物的语言行为和思绪,生动地表现出来。在这里,孙犁先生只让水生对妻子叫了一声"你!"无限的情意都尽在其中了。妻子一怔——睁开大眼睛——咧开嘴笑了笑——转过身子——抽抽搭搭地哭了,这样一连串的动作,连贯而层层递进,将一个阔别那么久的女人意外见到自己丈夫的时候,那一瞬间的表情和心理,表现得那样真切而细致入微。最后,让水生看见了妻子脚上的白鞋,一笔透露出了父亲已经去世的信息,言简意赅,精练到了极点。

接下来,写水生进院。水生在前面走,妻子在后面跟。写得有意思,既写出丈夫进家门的急切心情,也写出妻子刚才的激动的劲儿尚未过去,要好好地在后面看看丈夫,也表现出对丈夫的

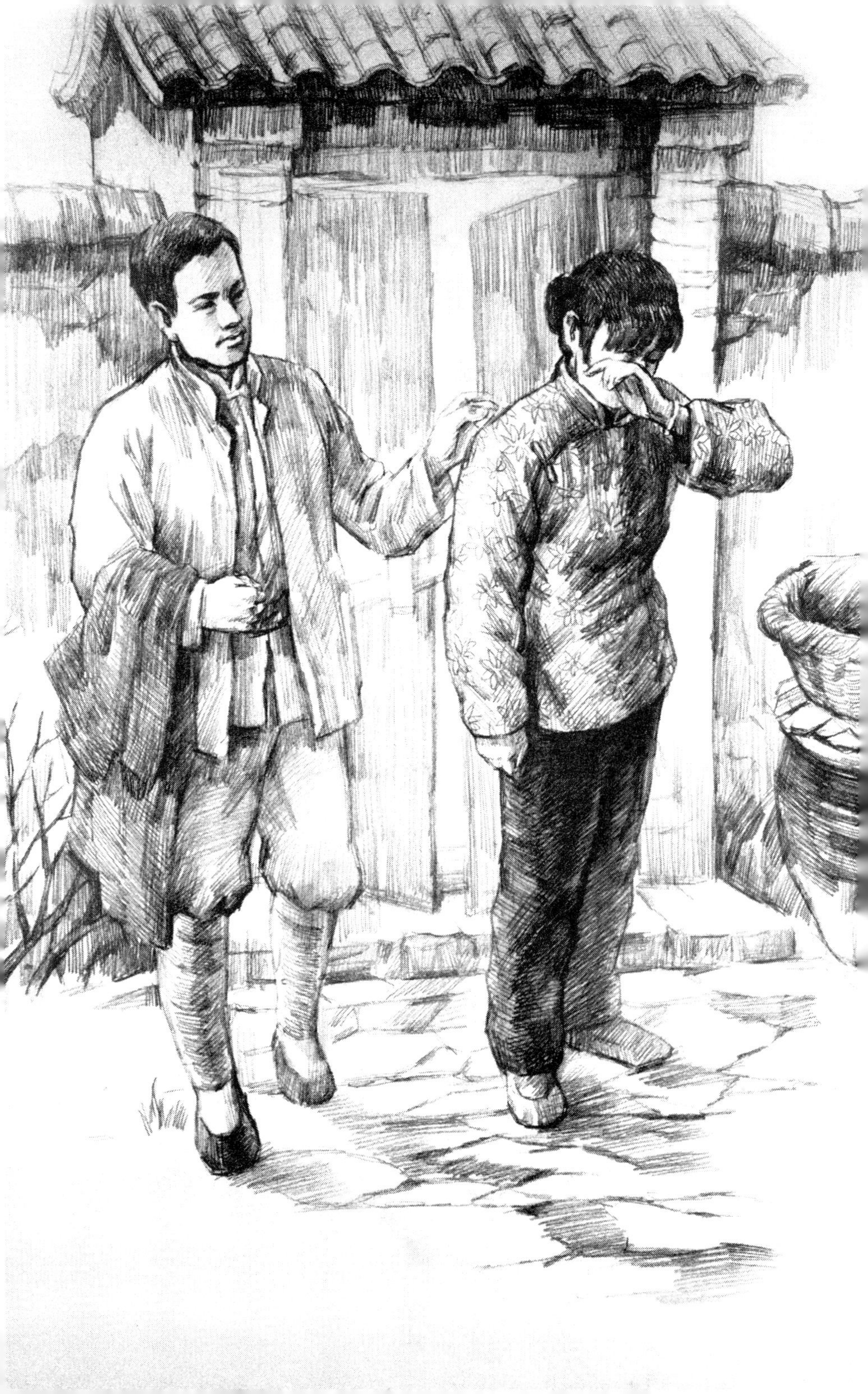

疼爱之情。更有意思的是，快到门口了，"女人紧走两步赶在前面"。

为什么"女人紧走两步赶在前面"？读到这里的时候，我们要问一下自己，看看自己想的，和作者写的，是否一致？不管一致还是不一致，都没有关系，我们都在阅读中动了脑筋，便有了收获。这样的阅读，便是细读的方法，是细读的好处。

我们看孙犁是怎么接着描写，为什么"女人紧走两步赶在前面"，原来，她是"到屋里去点灯，水生在院子里停了停。他听见女人忙乱地打火，灯光闪在窗户上了。女人喊：'进来吧，还做客吗？'"原来，前面让女人走在后面，既是生活的实情，也是作者有意的安排，没有前面女人走在后面，就没有了后面的"女人紧走两步赶在前面"去打火点灯。

一段进院子的描写，写得脚步细碎有声，微妙动人。女人先是跟在后面，忽然，紧走两步赶在前面，进屋去点灯，然后，又用颇有性格的话语招呼丈夫，几个连贯的动作，完全是中国传统白描式的描写，却极有韵味，将一位和丈夫分别八年的女人的心情写得可触可摸。

进屋之后，孩子出场了。水生一眼看见炕上睡着一个孩子，妻子便拖过孩子，含着两眼泪水笑着说："来，这就是你爹，一天价看见人家有爹，自己没爹，这不现在回来了！"说着已经不成声。描写得真是精彩，开头是"含着两眼泪水笑着说"，说着说着，"已经不成声"。女人的感情变化，在这两个动作之中体现得淋漓尽致。

下面，写水生抱着孩子在地上来回走，妻子烧火做饭。这中间有一句景物描写：

> 水生靠在炕头上。外面起了风，风吹着院里那棵小槐树，月光射到窗纸上来。水生觉得这屋里是很暖和的……

这句景物描写很重要。为什么重要？我们读到这里的时候，也要问自己这样一个问题，才会让我们读出这场景物描写，对人物心情衬托的意味。这段景物描写，写出了家的温暖，特别是战争年代里离家八年的水生对家的渴望，和难得一瞬的家的温馨感觉，对于只能在家里住一夜的水生而言，是多么的可贵。它不仅写出了水生此时此刻的心情，同时也加深了文章的紧迫感，因为第二天清早，水生就又要离开家，而且不知道什么时候再归来了。

接下来，水生和孩子以及妻子的对话，写得极其风趣，充满烟火气，又道出了妻子的心情。水生问孩子几岁了，"女人在外面拉着风箱说：'别告诉他，他不记得吗？'"这样的描写，从生活中来，却又高度凝练，让人物的心情和形象一并在对话中托出。

对话，在这篇作品中起到了很大的作用。还有一处，水生吃饭的时候，想起了父亲，只扒拉了几口。妻子笑着问："不如你那里的小米饭好吃？"将妻子的性格一笔勾勒出来。运用人物对话描写，烘托出人物的心情和性格，这是文字的魅力。

孩子睡着了，下面有一大段描写：

> 女人爬到孩子身边去，她一直呆望着孩子的脸。她好像从来没有见过这个孩子，孩子好像是从别人家借来，好像不是她生出，不是她在那潮湿闷热的高粱地，在那残酷的"扫荡"里奔跑喘息，丢鞋甩袜抱养大的。她好像不曾在这孩子身上寄托了一切，并且在这孩子的身上祝福了孩子的爹……

这是一段闲笔，却又并不闲，它以否定的方式，以赌气的口吻，以发泄的心理，将一个女人对孩子和丈夫的感情，都写了出来。同时，也写出了和丈夫分别这八年来她的辛苦遭遇和艰辛的努力。这段话起到了过渡的作用，很自然地过渡到水生告诉她只能在家待一夜；为突然又要到来的分别做了铺垫；并且把即使赌气也温馨的家的气氛，和后面即将天各一方的痛楚和凄清，"女人呆了。她低下头去，又无力地仄在炕上"的那种心情，做了强烈的对比，将战争中的妇女多情缠绵柔弱的一面勾勒出来。这真是一石多鸟。在这里,我们可以明显地看出中国传统文学特别是戏曲里夫妻分别的那种描写方式。所谓"悲欢离合一杯酒,南北东西万里程",都是一代代这样被演绎的,哀婉动人。

最后,水生和妻子分别那一段,写得充满画面感。

女人是撑冰床的好手,她逗着孩子说:"看你爹没出息,还得叫我撑床子送他!"她轻轻地跳上冰床子后尾,像一只雨后的蜻蜓爬上草叶。轻轻用竿子向后一点,冰床子前进了。大雾笼罩着水淀,只有眼前几丈远的冰道可以望见。冰两岸残留的芦苇上的霜花飒飒飘落,人的衣服上立时变成银白色。她用一块长的黑布紧紧把头发包住,冰床像飞一样前进,好像离开了冰面行走。她的围巾的两头飘到后面去,风正从她的前面吹来。她连撑几竿,然后直起身子来向水生一笑。她的脸冻得通红,嘴里却冒着热气。小小的冰床像离开了强弩的箭,摧起的冰屑,在它前面打起团团的旋花。前面有一条窄窄的水沟,水在冰缝里汹汹地流,她只说了一声"小心",两脚轻轻地一用劲,冰床就像受了惊的小蛇一样,抬起头来,窜过去了。

战争中女性刚强的一面,在这冰床子上展现了。读到这里,我们回过头再看前面那一段闲笔,就会更为这个女人感动。不仅仅在于她的刚强,还在于她的情感和内心世界的复杂与细腻。

显然,是描写达到了这样的效果。

描写的优劣,衡量着一个作者写作基本能力的高低。而阅读中,对这种描写的感悟与吸收,则考验着阅读者的阅读能力。阅读能力需要锻炼,需要认真进行解剖式的文本细读,尤其是对于描写部分的解读,需要感性的领悟,也需要理性的逻辑,就如庖丁解牛,方能得心应手。

→ 推荐阅读

☆ 施耐庵《水浒传》　　☆ 孙犁《嘱咐》

细读法之四

——细读要一口咬住骨头

寄情于物,是很常见的写作手法。一篇文章中,一个很普通的物品往往承担着重任。所以,反过来,我们在阅读的过程中则可以从作者所寄情的物中去寻找到作者所寄托的感情。这样极其普通的物品,常常是文章的重要节点。

我们来看看日本作家芥川龙之介的《橘子》和印度作家泰戈尔的《喀布尔人》。两篇小说都不长,写的都是有关小姑娘的故事。而且,都是从侧面以旁观者的视角来讲述关于小姑娘的故事。

《橘子》,是芥川龙之介的名篇,曾经被选入几代日本的小学语文课本。它是以作者"我"的视角来讲述故事。"我"和这个十三四岁脏兮兮的乡下小姑娘,在横须贺上了同一辆火车。起初,小姑娘坐在"我"对面,火车刚开不久,小姑娘坐到"我"的身边来了，让"我"有些不快。然后，小姑娘又开始使劲要打开车窗，车窗终于被她打开了，煤烟也滚滚涌进来，"我"更加不快。就在这时候，前面出现了岔路口，城郊低矮寒碜的贫民区的房子出现了，在岔路口的栏杆前，站着三个身穿破烂衣裳的男孩子，他们挥着手向着火车拼命喊着什么，就看见这个小姑娘向车窗外探出半截身子，伸出生了冻疮的手，把五六个橘子向三个男孩子扔去。原来那是她的三个弟弟，来为去别处当用人的姐姐送行。

故事就是这样的简单。作者"我"却在书中这样感叹："苍茫的暮色笼罩的镇郊的岔道，像小鸟般叫着的三个孩子，以及朝他们身上丢下来的橘子那鲜艳的颜色——这一切的一切，转瞬间就从车窗外掠过去了。但这情景却深深地铭刻在我的心中，使我几乎透不过气来。"为什么这样简单的事情，简单的一幕，让作者"我"这样铭刻在心，并这样激动不已？

我们自己读过之后，是否也能够感动？如果我们感动了，是为什么而感动？显然，我们和作者一样，也是为三个弟弟和姐姐之间的感情而感动。穷人的孩子早当家，才十三四岁的小姑娘就要离开家去给人当用人，是为了三个幼小的弟弟。弟弟舍不得姐姐走，和姐姐相约好，到岔路口等姐姐坐的火车过来时，为姐姐送行。姐姐等待着这次与弟弟的别离，把准备好的金色橘子抛给弟弟。贫苦人家的姐弟情深，定格在火车风驰电掣掠过的那一刹那。这样一刹那的感情波澜，小说里都没有写，但我们完全可以体味得出来，比写出来还要让我们感动，让我们为弟弟们的依依不舍，为小姐姐的懂事和对弟弟的爱而感动。

没错，如果没有橘子，只是说弟弟们的依依不舍，只是说小姐姐的懂事和对弟弟的爱，说得再多，能够让我们感动吗？那些没有写出来的东西，即留白，像国画中的留白，留给读者想象的空间。

同样，如果有橘子，但姐姐在离开家的时候，就已经把橘子送给弟弟们了，而不是在火车掠过的那一刹那抛给弟弟的，还能够让我们感动吗？所有这些没有这样写的地方，叫作节点，文章有力度，就必须这样浓缩在最有力的一点上。

这一点，就是橘子，有了橘子这样特殊的出场，小说前面所写的开始坐在"我"的对面，开车不久坐在"我"的身边，拼命使劲打开车窗……这一系列曾经令"我"不解的行动，便都有了用处。这些铺垫，就像运动员在投掷标枪前的助跑，为的是推动最后从车窗抛出橘子的有力一抛。

总的说来，选择好抛出橘子的时间，是这篇小说的关键，也就是这篇小说的核儿；而前面的铺垫也是重要的，为的是最后橘子的出场亮相更有力，更漂亮，更具有期待感；橘子抛出的瞬间，这位姐姐对弟弟的感情仿佛一下升华。

泰戈尔的小说《喀布尔人》，写的也是关于小姑娘的故事，是一个父亲对自己女儿的感情。同《橘子》一样，也是通过作者"我"作为这个故事的叙述者。当"我"的女儿敏妮还是一个小姑娘的时候，这一对父女就认识了常到她家前卖货的货郎，货郎来自喀布尔的乡下，到加尔各答走街串巷卖一些零食和小玩意儿。几年过去了，"我"的女儿出嫁的那天的早晨，货郎——那个喀布尔人刚刚出狱不久，突然出现在"我"家的门前，他带来一些葡萄干和杏仁小礼物，想要见见"我"的女儿。"我"觉得不吉利，心中不安，告诉他家里正在办喜事，让他过几天再来。他很失望，把带来的礼物放下，让"我"转交给敏妮。"我"要给他钱，他忙说千万不要给他钱，他不是为了钱，他家里也有和"我"女儿一样大的女儿，他没法回家，只是特别想见见"我"的女儿。说着，他从长袍的里面掏出一张揉皱的又小又脏的纸，小心地打开纸，上面印着一个墨迹模糊的小手印。当他每年到加尔各答街头卖货的时候，他自己的小女儿这个小小的手印，总带在身上，也印在他的心上。而如今，他已经八年没有见到自己的女儿了。

　　小说写到这里的时候，泰戈尔有这样一段描写："眼泪涌到我的眼眶里……在那遥远的山舍里他的女儿，使我想起了我的小敏妮。我立刻把敏妮从内室里叫出来，别人多方劝阻，我都不肯听。敏妮出来了，她穿着结婚的红绸衣服……"

显然，这是作者"我"的感动。同《橘子》里的"我"一样的感动，只是《橘子》里是看到姐姐从车窗抛出橘子，这里是看到了这张印着女儿小手印的纸。同"橘子"的出场方式和时间不同的是，这张纸出现在父亲离开女儿八年之后，同时又是在敏妮出嫁的日子里。阔别的时间和距离，令人那样怅惘和无奈，别人家的女儿穿着新婚的红绸衣服，自己的女儿现在怎样呢？泰戈尔没有写，同样用的是留白。这样的对比，更让父亲的这种怅惘和无奈沉入谷底。如果选择的不是这样一个特殊的时刻，只是一个平常的日子里亮相这个小手印，一个父亲对女儿的思念之情，还能够这样特殊和深刻的吗？

我们看到了，橘子和小手印，都是小说中的人物情感的寄托和象征。它们出现的节点，是作者有意为之的。小说中人物的感情就随着这些重要的物品及其出现的节点而发生波动。橘子和小手印，都出现在恰到好处的节骨眼上，才会让我们如此感动和难忘。

当然，我们也看到了，同样都是物品的出场，两位作家处理的方法却不尽相同。在《喀布尔人》里，没有铺垫，一下子就让印着女儿小手印的那张纸出场了，有些突兀，但在我们意想不到的突兀中，令我们感动。如果说《橘子》里橘子出场前的铺垫如同投掷标枪前的助跑，那么《喀布尔人》里小手印的突兀出现恰如撒手锏蓦然出手，立刻一剑封喉。两种不同的方法，起到殊途同归的作用，震撼读者的心灵。两种不同的方法，就是两种文章的书写的不同节点，在阅读中找到它们，不仅会让我们感动，也会让我们一下子提纲挈领掌握文章的命脉之处，在阅读中有了不同的乐趣。

> **推荐阅读**
>
> ☆【日】芥川龙之介《橘子》　　☆【印】泰戈尔《喀布尔人》

细读法之五

——细读如登山要不住攀登

《纯属虚构》，是曾经获得诺贝尔文学奖的加拿大作家门罗的一篇非常有意思的短篇小说，很能代表她的艺术风格。这篇小说的故事与情节非常简单明了：因伊迪的加入，音乐教师乔伊丝和木匠乔恩离婚。多年之后，乔伊丝再婚，在丈夫65岁生日聚会中见到的黑衣女子克里斯蒂，是位刚刚出版了第一本书的作家。几天后，乔伊丝买到这本书，看到其中一篇名为《亡儿之歌》的小说，看出了克里斯蒂是自己曾经教过的学生也是前夫所娶的妻子伊迪的女儿。当时，她利用了克里斯蒂对自己的天真无邪的爱，编造谎言刺探她的母亲和自己的丈夫的相恋之情。最后，在克里斯蒂为读者签名的仪式上，乔伊丝特意买了当年曾经对克里斯蒂讲过的巧克力百合送给克里斯蒂，并请她为自己签名的时候，克里斯蒂根本没有想起巧克力百合，也没有认出乔伊丝来。

这是这篇小说的骨架。如果不仔细读，只是看故事情节，到这里就可以结束，因为已经清晰地读出了故事的全部。但是，如果从细读的角度要求，这样读是不够的，会错过小说中很多比故事情节更有意思的东西。

门罗的小说，骨架并不是其最下力的地方，她一般爱将琐碎的事情、细节和心情，穿插在这样线性的时间顺序里。这是门罗的叙事策略，也是我们细读时最需要注意的地方。她有意将骨架打碎，将情节淡化，将艺术化的故事还原为生活常态。这和我们经常读过的小说的叙事策略不大相同，一般的小说更注重情节和故事本身，尤其受影视影响，情节成了构成小说的不二法门。这类小说比较好读，因为有情节为主线牵引，会如一道水流沿河道流淌而来，顺风顺水，不会出现太多阅读障碍。读门罗小说，一般至少需要读两遍，只有经过这样的细读，在读到结尾回过头来再读一遍时，才会发现，第一遍读到的那些不起眼不经意的事情和细节，是那样不可或缺，是那样的回环连成一体，气脉贯通。这时候，我们才会心一笑，体味到细读的必要性。

这篇《纯属虚构》中，占小说三分之一篇幅的第一节，细致而顽强地叙述了乔伊丝离婚前后的种种生活情景与细节。一直到这一节的结束，乔伊丝精心准备了学生表演晚会，她让伊迪的女儿作为独奏演员，同时她猜准了伊迪和乔恩一定来看演出。但是，他们没有来。这样几乎不动声色只是挂角一将的结尾，对于后面克里斯蒂和她写的小说的出现，是多么的重要。而在第二节中，门罗用带有诗意的抒情的笔调叙述乔伊丝带领着童年的克里斯蒂，开车送她回家，给她买冰激凌，看河中蓝色的小船，告诉她森林里各种野花，包括巧克力百合……这一切，在这里不显山露水，但读到小说结尾时再来回味，才会感到韵味和力量。

当然，如果小说仅仅止步于对乔伊丝利用孩子的天真之爱，而编造谎言对孩子伤害的谴责与和解，那样的话，和一般小说的叙述策略没有什么两样。一般的小说注重情节的浓缩集中与主题的单一明确。如果我们再细读一下的话，会注意到，《纯属虚构》中，门罗借克里斯蒂的口说道："她不认为那只是个骗局，她想到她勤奋学习过的音乐，还有她缥缈的希望，间或得到的快乐，那些她从来没有机会亲眼见到的森林野花，以及它们奇异欢快的名字。""爱，她感到了快乐。在这个世界上，感情部分的内部协调，一定是有些偶然性的，当然不可能公平，一个人巨大的快乐，会来自于另一个人巨大的悲伤。尽管，巨大的快乐都是短时的，脆弱的。"我们会看到，原来克里斯蒂比我们对乔伊丝要宽容得多，她并没有如我们一样只是对乔伊丝进行谴责，而是将那一份杂糅着被骗和欢乐的童年经历，写得比我们理解得更深，没有将洗澡水和孩子一起泼出,而是有了多义性的答案。门罗小说的包容性、延展性和多义性,让小说耐读,加深了我们对小说的理解,让我们读到这里恍然大悟,体味到细读的好处。

这种理解,来自于对生活的理解和认知。门罗竭力让小说从情节束缚中还原生活常态的目的,不是消解艺术,而是让小说的艺术有别于常规与流行的小说,让小说不要沦为时代背景历史事件和生死命运道德言说的"大"说,而真正成为深入人生况味与人物内心的"小"说。

如果读到这里,便以为就是细读了,是错误的。因为这还不叫细读,还需要我们进一步读下去,一直到发现这篇小说的名字起得很有意思:《纯属虚构》,其虚构指向谁?是乔伊丝的故事自身,还是克里斯蒂的小说《亡儿之歌》?抑或是结尾克里斯蒂没有认出巧克力百合和乔伊丝?都可以是作者的虚构。门罗没有明说。这篇小说中,她只有一处写到虚构:"现在,有一个作家将她丑陋的谎言与她已经驱逐出生活之外的人物与境遇嫁接,告诉了大家。她懒得虚构,却不是出于恶意。"门罗有意混淆虚构和生活,也可以说是门罗有意打破虚构与生活的旋转门。明白了这一点,野花巧克力百合、小说名《亡儿之歌》,才有了隐喻的色彩(在小说中,门罗特别指出马勒的名曲《亡儿之歌》和克里斯蒂天真童年的一去不返一箭双雕之意)。乔伊斯前后两任丈夫人生中都是三段婚姻的暗合，修长的大腿、纤细的腰身、乌丝般润滑的麻花辫、音乐的才华、全班智商第二，和矮矮个子、纹身、酗酒、头脑笨拙、私生女的伊迪对比，才有了小说内在的理性和感性的衔接，才有了门罗强调的"日常的不幸"的意义。

这样一步步地细读，我们不仅一步步地读出门罗叙事策略的意义，也得以一步步地把我们自己的阅读水平提升。细读，犹如登山，一步步往上攀登，才可以一路看到不同的风景，直至山顶，方可一览众山小，看到更美丽壮阔的风景。细读，杜绝浅尝辄止，半途而废。

▶ 推荐阅读

☆【加】艾丽丝·门罗《纯属虚构》

细读法之六

——细读才能品出滋味

曾经获得诺贝尔文学奖提名的奥兹，是以色列国宝级作家。我喜欢读他的短篇小说。他的短篇小说写得节制而精悍，大多以以色列特里宜兰小乡村为背景，描写那里一个个的小人物。在波澜不惊的生活图景背后，他揭示出那么多荡人心弦的曲衷和秘密，耐人寻味。好的文学作品，应该是这样从心灵到心灵，让陌生人之间产生共鸣，从而感到彼此并不陌生，感觉这个世界并不大，处处都有着惊人的相似之处。

和他的同辈，加拿大的门罗相比，奥兹的短篇小说写得更为干净，没有那么多的旁枝横逸和复杂交织，也没有那么多的巧合。

《亲属》就是这样的一篇短篇小说。从表面上看，这是一篇书写亲情的小说。亲情，写的人多了。奥兹的与众不同之处在于，他写的是维系并渴求亲情的姐妹两人,却恰恰失去了亲情而变得无比的隔膜,两人都是极其孤独,而且是无法排遣的孤独。亲情,便不再只是我们惯常见到的那种琐碎腻人,而有了更多的人生况味和内心无可言说的苦楚。这便是细读才能带给我们的阅读的快感,因为我们不仅仅在看故事,还在阅读比故事更复杂的人生,乃至我们自己和我们周围熟悉的人们。

故事的情节是妹妹接姐姐的孩子来养病,却没有接到——就是如此的简单。故事的结构是妹妹接孩子的过程中穿插往事的回忆——就是再普通不过的线性叙述中的插叙。如果我们最后读出的是这样的结果,显然就不属于细读,只能算是囫囵吞枣的粗读。

细读,我们会发现,接人未果,不是主要的。小说主要写了两个方面——

其一,没有主要写亲情,而是将笔墨侧重于姐妹之间的隔膜,妹妹对于姐姐这个孩子割舍不掉的亲情。这些叙事的内容,融入了早春二月那个夜晚妹妹接这个外甥的时候的回忆中表达。这种以一个接人的外壳包裹回忆的写法,并不新鲜。但奥兹却将现在进行时态的接人和过去时态的回忆,穿插交织得干净而熨帖,毫不繁琐啰嗦。靠的是什么方法呢?这便是其二。

其二,奥兹没有将回忆完全作为往事单摆浮搁流水账式地叙述,也没有将接人写成只是接人那样的单线条的单薄干枯。而主要依靠于回忆中密集出现的细节，和接人过程中跌宕的心情相互交织碰撞的双重描写。回忆中的玩具熊、跳棋、诗集和明信片的细节，帮助他将回忆删繁就简而呈现出富有棱角的画面，将单纯的叙述变成了文学化的描写。接人过程中的大衣和树枝的横空出现，则帮助他完成了本来平淡无奇的情节的自然起伏跌宕，让只是一场接人的寻常生活场景和人物心情，变得姿态摇曳。

试想一下，如果奥兹的小说中缺少了这些细微的描写，如果我们没有仔细读而和这些细微描写擦肩而过，只是把阅读的注意力放在接人接到没接到这一点上，那么，这篇小说还有什么魅力？我们的阅读还有什么收获？

小说最后，外甥没有接到，这是必然的结局。如果接到了，大团圆，就变成了亲情缱绻的渲染；没有接到，才更加凸显亲情隔膜与孤独感的人生发现。但是，如果我们读到这里，便戛然收尾，还是没有实现细读的宗旨，有些虎头蛇尾。我们要再仔细看看，没有接到人之后，奥兹是怎么将小说收尾的。当然，如果我们能做到"读书要带着问号"，设想一下，我们来写的话，会写些什么？再看看奥兹是怎么写的，这样的细读，收获会更大。

奥兹是这样写的：主人公把精心为外甥准备的烤鱼和土豆热了热，但是，没有吃，倒进垃圾桶。她无声地哭泣起来，两三分钟后，她把放在给外甥准备好的床头的那个已经破旧的玩具熊埋进抽屉里("埋"字翻译得真好,不是放进,而是不忍心再看见)。干净的几笔,让回忆和现实,有了细致入微的呼应。

小说最后一句:"半夜时分,她脱衣睡觉。特里宜兰开始下雨。雨下了整整一夜。"不尽的余味缭绕,弥散在小说之外。仔细品味一下,想一想,如果没有了埋进抽屉里的玩具熊、倒进垃圾箱里的烤鱼和土豆,没有了最后特里宜兰下了一夜的雨,小说还有这样让我们咀嚼的余味吗?

日本作家川端康成写过很多很短的小说,被称作"掌上小说"。其中不少篇章书写孩子的日常生活和彼此的感情,非常适合孩子阅读。《蝗虫和金琵琶》是他的名篇,写的是一群孩子捉虫子的游戏。这是古今中外常见的一种儿童游戏,我们小的时候,谁没有捉过虫子呢?不管捉的是金龟子还是七星瓢虫,或者是蟋蟀、蜻蜓、蚂蚱、螳螂、唧鸟等,那些小小的虫子,曾经伴随我们的童年,带给我们无限的快乐。因此,读这篇《蝗虫和金琵琶》,我们会感到很亲切,会想起我们自己的童年。

《蝗虫和金琵琶》写的是在乡间庆祝五谷神节的夏夜,一群孩子打着五彩灯笼,在河堤的草丛中捕捉虫子的事情。乡间的传统,"更多的可爱的四方灯笼,都是孩子精心设计、亲手制作的",而且,灯笼上面都刻着或写着孩子自己的名字。这一笔很重要。

在这一笔后,作者又特意写了一笔:"二十个孩子聚集在这静悄悄的河堤上,摇晃着美丽的灯笼。此情此景,多么像一篇童话啊!"只提灯笼,没有再提到灯笼上面孩子们的名字,因此,后者很容易被忽略,尤其需要我们细读。

读到这里的时候,如果我们读得不细,忽略了这两笔,就只注意到后一笔的童话色彩,而体会不出其中的味道。在这里,细读的重要性,便显现出来。文章前面的铺排与后面的衔接,细节的出现和照应,如果读得不细,便只能读个大概,文章的味道,我们便体味不到了。

我们接着看这篇小说,一个叫不二夫的小男孩捉到一只蝗虫,他大声叫道:"蝗虫!谁要蝗虫?"一个叫清子的小女孩叫着跑了过来:"我要!我要!"小女孩从男孩的手里接过虫子一看,叫道:"哎哟,不是蝗虫,是金琵琶呀!"女孩的眼睛里闪烁着亮光。孩子们都围了上来,纷纷叫了起来:"是金琵琶,是金琵琶呀!"显然,金琵琶是一种比蝗虫要好看要高级的虫子。

紧接着,下面有这样一段描写:

> 女孩儿用那双明亮而智慧的眼睛,向给她虫子的男孩瞟了一眼,然后解下挂在腰间的笼子,将虫子放了进去。
> "啊,是金琵琶!"

"是金琵琶！"捕捉到金琵琶的男孩儿喃喃地说。

女孩儿把虫笼子放在眼前，看得入了神。男孩举起自己的五彩缤纷的灯笼，为女孩儿照亮，他悄悄地望着女孩儿的脸。

于是，出现了一幕奇妙而美丽的情景，男孩灯笼上"不二夫"的名字映在了女孩身上，闪着绿色的光；女孩灯笼上"清子"的名字，映在了男孩身上，闪着红色的光。"这绿色的亮光和红色的亮光在戏耍——可能是戏耍吧——不二夫和清子却全然不知道。"

如果文章结束在金琵琶带给两个孩子的意外惊喜上，已经很好了。但是，作者又写了这样一段，让彼此灯笼上自己的名字，打在了对方的身上，幻化出一样的光。即便他们自己全然不知，我们却看到了，前面写到的灯笼上会刻着或写着制作者的名字，在这里派上了用场。我们学到了铺垫在写作中的作用，同时，我们更会感到童年的游戏和孩子们之间的感情是那么的美好动人。如果没有这样的一笔，只是在金琵琶带来意外惊喜时结束，文章是不是就少了味道，童年的美好纯真的意味，就少了很多？

文章最后，川端康成又对那个男孩发出这样的一段感慨：

因为你的心蒙上了阴影,你会把真正的金琵琶也看成是蝗虫。有朝一日当你感到人世间到处都充斥着蝗虫的时候,我也许会遗憾地认为:那时候,你自己压根儿就无从回忆起今宵你那美丽的灯笼的绿光在少女身上幻化出的光的游戏吧。

我们读到这里,会发现,蝗虫和金琵琶,虽然都是童年游戏中捉到的虫子,却是各有寓意的。而灯笼上自己的名字打在对方身上所幻化的光,不仅也有寓意,更寄托着作者对童年和长大成人之后的未来的双重情感。这种寓意,能让我们深思;这种情感,会让我们感动。深思和感动,都是从细读中来。

只有细读,才能读出这样的余味。读书,就像品尝饭菜,吃饱,只是属于粗读;品出饭菜的滋味,才属于细读。细读,不仅是为了学习,也是一种精神的享受。细读,可以让我们的心善感、敏感,并体会到美感。

▶ 推荐阅读

☆【以】奥兹《亲属》

☆【日】川端康成《蝗虫和金琵琶》

第三课

读书入门的几种方法

兴趣法

——读书的入门向导

从兴趣出发,读书的效果会好些。想一想,谁愿意读那些自己根本不感兴趣的书呢?即便这样的书内容再好,价值再高,他不感兴趣,你硬塞给他去读,他一定味同嚼蜡,读不进去的。道理就是这样简单,读书,是要自己一个字一个字地去读,就同吃东西一样,别人代替不了的。自己感兴趣的书,才会喜欢读;喜欢读,才会读进去;读进去,才会有收获。

林语堂当年说过这样的话:"许多作者生活在不同时代,相距多年,然而他们的思想和他们的感情却那么相似,使人在一本书里读到他们的文字时,好像看见了自己的肖像。"这是他自己读书的体会。读别人的书时在书中看见自己的肖像映现,便是因为这样的书引发了他的兴趣,才让书和自己互为镜像。

他接着说，所以，苏东坡感兴趣的是庄子的书，艾略特感兴趣的是卢梭的书，尼采感兴趣的是叔本华的书。可以看出，即便是那些大作家，也是选择他们自己喜欢的书去读的。书和读者，是一种相互的选择。对于成人，这样的选择，除了单纯的兴趣，可能还有思想和感情的共鸣等更成熟的因素。但对于孩子，这样的选择，最初必然出于兴趣。每个人都有自己感兴趣的书，对于孩子来说，越早找到自己感兴趣的书越好。

在这里，需要注意的是，成年人一定不要以自己的兴趣爱好或追求为标准，去规范孩子的读书兴趣，以为"千里扛猪草，还不都是为（喂）了你们"？好心是显而易见的，哪一个家长不爱自己的孩子呢？但是，这样做，是想当然的，越俎代庖，往往起不到好的效果。

此外，一定不要完全以媒体上宣传的或专家推荐的书目为标准，去代替孩子自身的读书选择。那些书，当然有很多是不错的，但也有不少出于营销的策略，其内容并不一定适合所有的孩子，要注意甄别。更重要的是，最开始如果选错了，会降低孩子读书的兴趣，甚至造成读书的逆反心理，适得其反，欲速则不达。

鞋子合不合适，只有脚知道，每一个孩子都是独立的个体，各自的性情和兴趣不尽相同，读书，更是属于个人化的学习，不可能千篇一律。要注意孩子的兴趣，帮助孩子选择那些他们喜欢的书，比选择他们爱好的玩具、衣服和吃食，要重要得多，也困难得多，甚至比帮孩子选择学校，难度还要增加了许多，需要我们有耐心，和孩子一起不断摸索着去选择。

我的孩子上初一的时候，我觉得他已经长大了，告别了小学时候钟爱的郑渊洁的童话和沈石溪的动物小说，读书的范围扩大了一些，可以看看更多成人的文学作品，便向他推荐了冰心——因为我读中学的时候，最初接触的是冰心，最爱的也是冰心的作品，甚至读了冰心几乎所有的书。但是，我推荐给他冰心的书，他翻了翻，并不喜欢。我没有强求他，我反思自己，是以自己的兴趣出发，想当然以为孩子也一定会喜欢。这种简单的线性思维方式的碰壁，是我把孩子想得简单了，把读书想得简单了。

我发现那时候他喜欢读张中行的书。他自己在书店里买了张中行的《负暄琐话》和《顺生论》，并在笔记本上抄录了其中一些段落。他妈妈对我嘀咕：他那么小，怎么偏爱读老先生的书？在我看来，他那样小小的年纪，未必看得懂这些书。但他就是很想读比他们年纪大的老先生的书，而不想读同龄孩子都爱读的书。这是一种不愿意趋同而渴望长大的心理，求知欲迫切，踮起脚想往上够一够，够到更高一些树枝上的果子的读书心理。我便也明白了，他为什么不喜欢冰心。

作为家长，即使孩子的想法幼稚，甚至偏颇，也只有尊重，而不要打击，甚至讽刺。孩子最初的阅读，要允许看不懂，要允许水过地皮湿的浅尝辄止。看不懂，只要是看了，就会有收获；水过地皮湿，哪怕只是湿了很浅的表面，毕竟也是湿了，不再干涸。似是而非，朦朦胧胧，一知半解，浅尝辄止，甚至一头雾水，却也都是从兴趣出发的，是他自己的选择，孩子这样读书，便像是在探路，摸索着往前走。

孩子读初二的时候，想买一套十卷本的《朱光潜全集》，他一个人在新华书店看了好几次，特别想买。但是，他没有那么多钱，便对我说了这件事。开始，我有些奇怪，他怎么想起了读朱光潜呢？我问他，他说因为读了李泽厚的一本《美的历程》，就想看看比李泽厚老一辈的美学家朱光潜的书。我又问他：你看得懂吗？他说：看不懂，才要看看。我替他到新华书店买回了这套《朱光潜全集》。那天，他一直趴在窗口等我回家，看到我骑着自行车，驮着书，到了楼下，他赶紧跑下楼接他的"朱光潜"，我看见他脚上的鞋子都穿反了。

这是真正的喜欢。尽管这套书，他并没有看懂，一直到现在也没有看完，至今还躺在他的书柜里。但是，一个初二的孩子，知道世上有一个美学家叫朱光潜，并以他幼稚的心看过朱光潜的书，即使根本没有看懂，也没有看完，又有什么呢？他的收获，不在于一下子看懂、看完，而在于他真的从心里喜欢上了读书，愿意在紧张的学习中自觉自愿地抽出课余时间读课外书，并且不满足于一般孩子看的流行的书，不满足于在游泳池里的蘑菇池里蹚水，而是一步步地往深水区走去。

▶ **推荐阅读**

☆ 张中行《负暄琐话》　　☆ 朱光潜《朱光潜全集》

对读法

——找到彼此的异同处

已故北大教授吴小如先生的读书经验之一，即"对读法"。吴小如先生讲，对读，就是比较。他讲杜甫时最讲究的方法之一，便是"对读"。他曾说："现在我们讲诗歌缺乏比较。"

以杜诗"对读"杜诗，是小如先生运用最多的方法，见其治学的精到和别出机杼。《登岳阳楼》对照《江汉》；《醉时歌》对照《饮中八仙歌》；《秋兴》中"同学少年对不见，五陵衣马自轻肥"，对照《狂夫》中的"厚禄故人书断绝"；《房兵曹胡马》对照《画鹰》，"真马如画写其神，画鹰鲜活写其真"；《登高》对照《白帝》，"前半截写景，气势很壮，但后面写得很惨"；在讲"万里悲秋常作客，百年多病独登台"，离乡万里——又赶上秋天——多年在外漂泊，这样三层倒霉的意思时，又带出《宿府》，对照着《登高》比较，指出"永夜——角声——悲自语，中天——夜色——好谁看"，也是三层意思层次递进……

最精彩的是将《丹青引》《观公孙大娘弟子舞剑器行》和《江南逢李龟年》三首一起对读。一位画家、一位舞蹈家、一位音乐家，都是昔年身怀绝技，如今和杜甫一样沦落天涯，三人的遭际命运，和杜甫互为镜像，写不尽的沧桑之感。在这样的对读之中，诗与人一并立体感强烈，分外令人感喟。

以杜诗"对读"他者，也是小如先生爱用的方法，见其学问的广泛和触类旁通。"美人为黄土，况乃粉黛假"（《玉华宫》），对照辛弃疾"君不见，玉环飞燕皆尘土"，指出辛词是化杜诗而来；"茂树行相引，连山忽望开"（《喜行达所在》），对照孟浩然"绿树村边合，青山郭外斜"，指出孟是从城里到乡村，视野开阔，心情开朗，杜是从长安走小路跋涉之后快到目的地才眼界大开，走路艰难，两厢心情大不相同；"花重锦官城"（《春夜喜雨》）的"重"，对照白居易"鸳鸯瓦冷霜华重"和陆游"雨余山翠重"的"重"，指出此处的"花重"是花开得繁茂而不是被雨打湿得耷拉下来……

特别讲到陶诗闲适风格时，将杜甫与王孟韦柳相比照，说王维是"阔人的闲适"，孟浩然是"老有点儿浮躁的成分"，韦应物和柳宗元的诗与陶诗也有距离。"反而是杜甫入川以后、刚到成都写的几首诗,倒和陶渊明的感觉特别接近",因为杜陶二人都是生活贫困,又豁达乐观;都有忧患意识,并不纯粹闲适;都有真感情。分析得丝丝入扣,令人信服,而且将一贯认为的杜诗沉郁的风格拓宽,进行了多样化的展示。

以杜诗"对读"京戏,是书中涉笔成趣最有意思的部分。小如先生酷爱京戏,所以常常可以在讲解杜诗时手到擒来,顺便讲起京戏,挂角一将,做一番生动的比附和相互映照。比如,讲杜诗沉郁顿挫风格时,小如先生讲起四大名旦之一程砚秋,说"程腔是有顿挫,但无棱角,如果顿挫出现了棱角,说明演唱底气不足。"然后指出顿挫是"一层深似一层,但不要让人看出斧凿的痕迹,不要让人觉得你拐直弯儿。"接着进一步指出沉郁和顿挫的关系,沉郁是指内容,顿挫是指表现,只见棱角,没有发自内心的东西是不行的,"把灵魂深处的东西都表达出了,这就叫'沉郁'。"

再比如,讲《赠卫八处士》结尾两句"明日隔山岳,世事两茫茫",小如先生讲起程砚秋演出的京戏《红拂传》最后一句唱"此一去再相逢不知何年"时说:"剧情是一个饮酒的欢娱场面,舞剑助兴,舞完了,就是这一句,红拂内心的话说出来了。这不就是杜诗的'世事两茫茫'吗?""这两句的思想感情,与程砚秋的戏的最后一句一样,越琢磨越深。"如此别开生面的讲解,让纸上文字风生水起，和舞台表演被赋予了形象和声音一般，是其他人讲杜诗难以达到的境界。

小如先生讲解杜甫时大量运用了对读法，对我的启发很大。我的理解，就是将两篇或几篇写法或内容相似的文章拿来，对照着读。这是一种非常有趣的读书方法。按照小如先生说的这种"对读"的方法，我进行了一次实验，收获不小。

我将契诃夫的小说《新娘》和沈从文的小说《菜园》，放在一起"对读"。两篇小说的情节都很简单，叙述如下。

《新娘》讲的是五月里苹果花盛开的果园，新娘娜嘉出嫁前夕，在祖母家居住的远亲沙夏劝她不要忙于出嫁，应该打开家门出走上学去学习，把眼前这种无聊庸俗的生活"翻一个身"。沙夏成了娜嘉人生的导师，她听从了他的劝告，认识到自己以往的生活以及她的未婚夫、祖母和母亲都是渺小的，便和她的导师沙夏一起远走他乡。一年过后，又一个五月的春天，重返家乡，她已经脱胎换骨了，家乡没有任何变化，沉闷的一切，让她越发格格不入。引导她前进的导师沙夏死去了，她更是无所牵挂，最后一次走进果园之后，再次毅然地离开家乡，朝气蓬勃地投入了新的生活。

《菜园》讲的是玉家母子以种一片菜园为生，儿子22岁生日那一天，大雪过后，母亲在菜园里备下一桌酒席，为儿子过生日。

儿子提出要去北京上学。三年过后的暑假，儿子带着儿媳妇回来，儿媳妇爱菊花，母亲便在菜园里留出一片地专门种菊花。谁知儿子儿媳妇却因是共产党而被杀头，这一年秋天，菜园开遍菊花，玉家菜园渐渐成了玉家花园。三年过后，儿子生日那天，天降大雪，母亲把家产分给了几个工人，自己用一根绳上吊自尽。

从这样简单的叙述中，能够看出这两篇小说的写法有如下相似之处——

第一，无论是新娘娜嘉，还是玉家的儿子，都是要外出上学，而告别家乡，告别旧生活，走向一种新生活。上学，成了一种行为，也成了一种象征。

第二，小说都为故事的发生安排了重要的节点。《新娘》中，娜嘉在出嫁前夕离开家乡，和再一次回到家乡做彻底的告别，时间都是在五月的春天。《菜园》中，玉家儿子离开家乡外出上学，和最后母亲的自杀，时间都是在儿子生日这一天，而且都是下雪天，一次是大雪过后，一次是天降大雪。《菜园》同《新娘》不同的，只是重要的时间节点一个是春天花开，一个是冬天下雪，不过是一种变奏而已。

第三，小说背景的写法，其实也是大同小异的。《新娘》前后人物出现并呼应的背景，都是在果园里。《菜园》前后人物出现和呼应的背景，都是在菜园里。只不过，前者突出的是苹果花盛开，后者突出的是大雪纷飞。

找到了这样三点相似的写法，我们就会发现，小说万变不离其宗。任何文章，再怎么说文无定法，其实都是有规律可循的。这样三点相似地方，即人物的行动动机、故事发生的时间节点和小说的整体背景。这既是小说的一种写法，也是我们的一种读法。契诃夫的《新娘》，以及沈从文的《菜园》，在这三方面，都是精心设计的，方才会写得这样好，这样让人难忘。

找到这两篇小说在写法上的相同，再来找这两篇小说不同的地方。在异同之间寻找小说阅读和写作中规律性的东西，是很有意思的事情。

首先，两篇小说的主旨不一样。《新娘》有明确的对旧生活的批判，《菜园》则没有这样明确的指向。相反，过去的菜园很美，儿子的新生活打破了这种平静的田园生活，最后使母亲死去。《新娘》所表达的，是生活的意义;《菜园》所表达的，则是人生的况味。

其次，从两篇小说所极力烘托的背景不同，可以体味出它们所要抒发的感情，是不同的。《新娘》中，五月苹果花开的花园是美丽的，如此美丽的花园，是自己要与之告别的，人物内心追求的是有别于花园更为美丽的所在。《菜园》中，曾经美丽的菜园，最后在大雪纷飞中成为一片凋零颓败的景象，是平静生活的被打破，是外界力量的破坏，是人生无常的一种表现。

最后，《新娘》中娜嘉的导师沙夏死了，追求新生活的新娘还活着；《菜园》里的母亲死了，追求新生活的儿子也死了。这样人物生死的处理，体现了两位作家对生活与艺术不尽相同的认知。沙夏死了，追求新生活的新娘还活着，说明新生活还在追寻中；母亲死了，追求新生活的儿子也死了，说明新生活还在迷茫中。

阅读的方法有许多，"对读"，不过是其中一种。我们在阅读时需要不断总结，不断摸索，找到适合自己的读书新方法。就如麦收时使用的镰刀，最顺手的才是适合自己的，适合自己的用着才顺手。

▶ 推荐阅读

☆ 杜甫《杜甫诗选》　　☆【俄】契诃夫《新娘》

☆ 沈从文《菜园》

关联法

——找到参照物

关联法，是对读法的一种延伸。

儿童文学作家任大霖的短篇小说《白石榴花》，我非常喜欢，曾经全文抄录过这篇小说。那一年，我读高一。

这篇小说写了这样一个故事："我"的童年小伙伴虎根的哥哥得了重病，大夫开的中药里需要一味白石榴花。在乡间，红石榴花到处都是，白石榴花却很难找，只有地主卜家占地十亩的大花园里有。可是，看花园的花匠花大伯是一个非常厉害的孤老头，他还有一条更厉害的唤作"牡丹"的大黄狗。"我"和虎根以前翻墙进花园偷桃吃，花大伯放狗追来，"牡丹"差点儿咬到"我"。为了虎根哥哥的病，"我"和虎根还是趁着夜色翻墙进了卜家花园，去偷白石榴花。不幸，还是被花大伯和"牡丹"发现了。花大伯非常愤怒，冲"我们"俩骂道："上次你们偷桃吃，我就没有说什么，以为小孩子嘴馋。现在你们偷白石榴花干什么？白石榴花也能吃吗？你们这是存心和我这个老头子过不去！"说着，就要拿绳子捆"我们"。"我"和虎根不约而同说要捆就捆自己吧，偷白石榴花的主意是自己出的。在小哥俩义气的争说中，"我"情急之下说出实情：捆我吧，放了他，他哥哥正病重！并说出虎根哥哥要喝的中药中必须要有白石榴花。花大伯没有捆"我们"，却把"我们"关进小花棚里，让"牡丹"在外面死死地看守着"我们"。"我们"十分害怕，以为是等天亮送到地主那里问罪。谁知天蒙蒙亮时，花大伯打开花棚的门，领着"我们"走出花园的后门，把"我们"推出门外，扔出"我们"来偷石榴花时带来的布袋，然后"砰"的一声，就把门关上了。虎根打开布袋一看，满满一袋白石榴花。

这个故事，之所以让我感动并难忘，在于作者对于花大伯这个人物的先抑后扬的写法，特别是最后一笔，我本以为这个厉害的花大伯要惩罚这小哥俩呢，但结果却出人意料，原来花大伯表面厉害内心善良。

很多年后，是在北大荒，那年冬天，我在生产队的猪号喂猪，大雪封门，无处可去，借来一本屠格涅夫的《猎人笔记》。看到其中《孤狼》这一篇时，忽然眼睛一亮，我高一时候读过并抄过

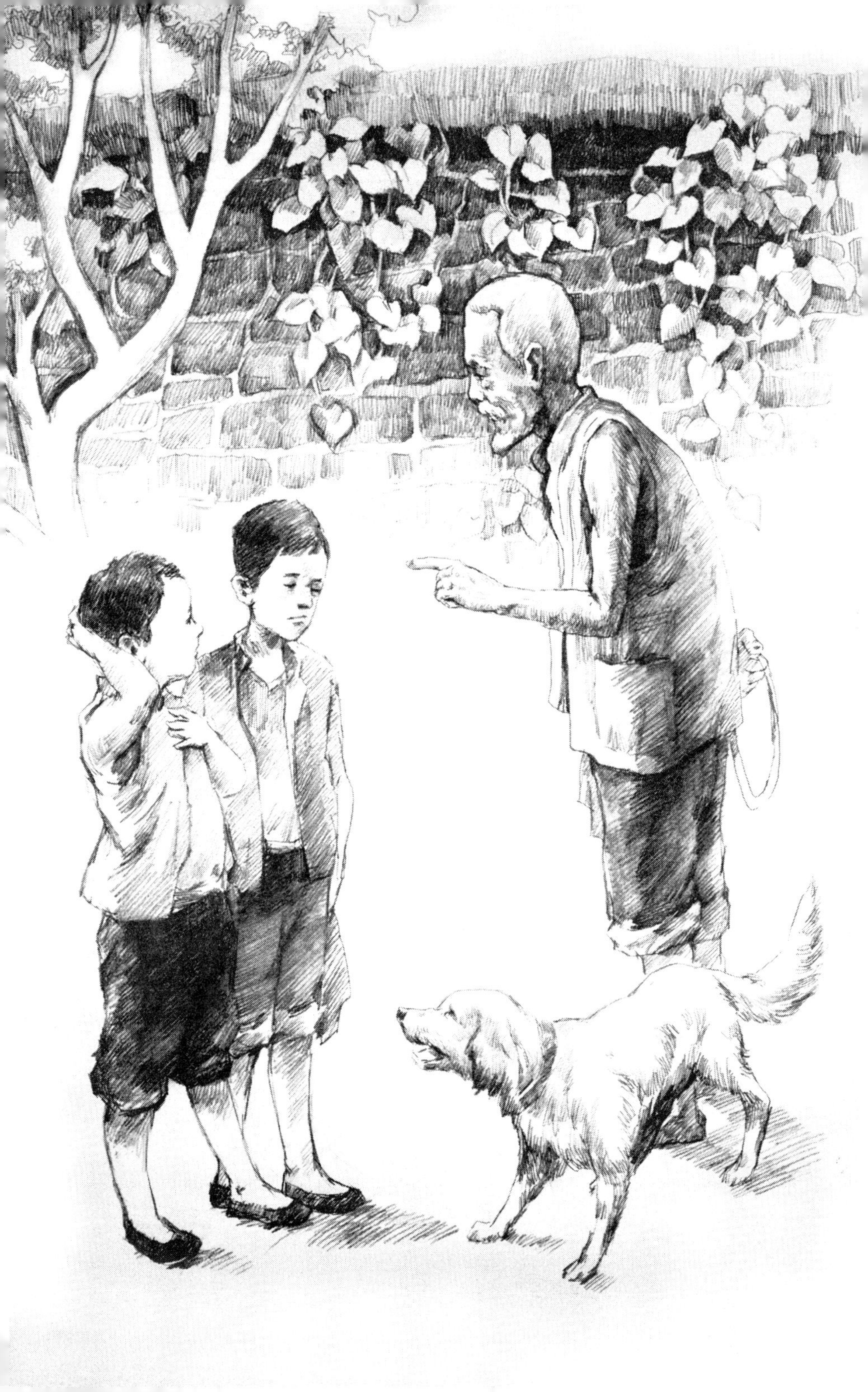

的任大霖的《白石榴花》又不请自来，走到了我的眼前。

《孤狼》的主角是地主家负责看管森林的守林人，外号叫"孤狼"，也是孤老头。一个暴风雨的夜里，"孤狼"抓到一个偷伐树木的贫苦农民，他用腰带反绑住这个农民。这个农民不住地向"孤狼"求情，希望他放了自己，他说自己实在穷得不行，全家人饿得受不了，才来伐木。"孤狼"无动于衷，因为放了他，自己就要受到地主的处罚。这个农民不抱希望后，开始破口大骂"孤狼"，"孤狼"依然无动于衷。但是，最后，"孤狼"还是放了他。

《孤狼》和《白石榴花》，竟然如此相似。都是以先抑后扬的写法，完成了对人物形象的塑造。相似的还有一点，便是人物关系的设置，《孤狼》里的守林人和《白石榴花》里的看花园的花匠的身份相似，都是孤寡老人；偷伐树木的农民和偷白石榴花的小哥俩，也都是贫苦农民，不得已才铤而走险；故事的结尾，都是以放人戛然而止。当时，甚至一直到现在，我都觉得任大霖比屠格涅夫处理得更好，因为有了白石榴花。屠格涅夫的小说结局只是放了人，任大霖小说的结局却不仅放了人，还多了满满一布袋白石榴花。白石榴花，成了花大伯善良心地的写照和象征物，也让小说有了形象化的回味天地。

美国作家卡佛，前几年在我国很是流行过一段时间。他的一篇小说《软座包厢》讲述一对父子相见的故事。父亲提前和儿子联系，告诉儿子他从美国到意大利旅行，乘火车从米兰上车，横穿法国，准备在德法边境的斯特拉斯堡下车，看看正在斯特拉斯堡大学读书的儿子，让儿子在车站的站台上等他一见。自从和妻子离婚，八年了，他再也没有见过儿子，想起最后一次见到儿子，妻子酗酒把家里的碟碟碗碗都摔碎，在和妻子的争吵中，儿子冲过来和他厮打起来。他坐在软座包厢里，夜里睡不着，想起可怕的那一幕，此刻却像发生在别人身上的事情。他在罗马还特意给儿子买了一块手表。可是，火车到达斯特拉斯堡，父亲却没有下车。火车从斯特拉斯堡的站台前开走的时候，这位父亲竟然睡着了。

读完这篇小说，我忽然想起了以前曾经读过的一篇小说，美国作家契佛写的《重逢》。写的也是一对父子相见的故事。这对父子也是因为父母的离婚，三年了，再未见过面。故事见面的地点，也是在火车站，不过，这一次乘坐火车的，不是父亲，而是儿子。儿子提前给父亲写信，准备在纽约火车站下车，让父亲到中央火车站接他，他在纽约停留一个半小时，问父亲愿不愿和他一起吃顿午饭。在火车站，父亲接到了儿子。两个人走出车站，由于脾气暴躁且酗酒的父亲禀性难移，他们前后一共去了四家饭店，都是由于父亲和饭店的人争执而没能吃成这顿午饭。为了赶火车，儿子只好匆匆赶回火车站，和父亲说了声再见就跳上火车。

这成了这对父子最后一次见面。

我惊讶这两篇小说竟然如此相似。同样书写父子两代人隔膜的主题，也许算不得什么，从屠格涅夫的《父与子》时代就是写的这个隔膜。但是，同样设计在火车站见面，这实在是有些太雷同了吧？

不过，仔细再读一遍两篇小说，发现尽管这两对父子相见的场地雷同，但处理的方式和设计的结局并不相同。卡佛小说里的父子没有见成面；契佛小说里的父子见成了面，却连一顿午饭都没有吃成。

卡佛小说里的父子见面，是父亲主动，但父亲最后犹豫，而且又睡过头了没能见面，父亲在心理上并没有原谅儿子。契佛小说里的父子见面，是儿子主动，但一顿饭没能吃成，父亲脾气依旧未改，儿子对父亲非常无奈，两人难以再走到一起。

为什么会有这样的不同？因为两位作家所触动父子两代代际矛盾与隔膜的侧重点不尽相同。所以，卡佛的小说，把主人公设为父亲，而契佛的小说，则把主人公设为儿子。

发现小说中这样的相同与不同，让阅读成了一种乐趣，非常有成就感。阅读的过程，其实就是不断寻找的过程。这个过程，非常像我们扛着杆猎枪，进山去打猎。我们不希望一切猎物就那么明晰地摆在我们的眼前，让我们可以轻而易举一枪中的，然后扛着猎物轻松地胜利归来。我们总希望林子里有挑战，有迷惑，需要努一把力，才能寻找到猎物。特别是寻找到相同的或相似的猎物时，就像刚击中一头野猪，又来了另一头野猪，意外地闯进我们猎枪的准星里，那种喜悦的心情，无与伦比。也有点儿像忽然发现了作者写作的秘密，发现了作者相互之间偷偷相互学习的轨迹，我们会偷偷地乐。

当然，这需要我们经常进山打猎，才会见多识广，容易有这样的发现。阅读也一样，多读，才会由此及彼找到文章彼此的关联。否则，我们的阅读只能现汤煮现面，看到的只是这篇文章，无法找到其关联之处，便难以学到写作的奥秘。如任大霖和屠格涅夫、卡佛和契佛这样雷同的巧合，或许是作家有意为之，抑或是作家之间相互借鉴或传承？或是心有灵犀一点通的不谋而合？不论怎样，我们总能从中一窥阅读与写作的奥秘，甚至会为自己发现了作者的一些秘密而悄悄得意呢。阅读，便有了乐趣，从而学到一些东西。

推荐阅读

☆ 任大霖《白石榴花》　　☆【俄】屠格涅夫《猎人笔记》

☆【美】卡佛《软座包厢》　☆【美】契佛《重逢》

拆读法

——不一样的阅读体验和发现

在我们几代人的语文课本里,都选入了契诃夫的《万卡》。应该感谢这个世界上有《万卡》这样一篇小说。这篇小说非常适合孩子阅读,这是契诃夫赠送给孩子的一份宝贵的礼物。小说讲述的故事简单却震撼人心。契诃夫靠什么样的方法,将一个简单的故事讲述得这样耐人寻味,130多年来经久不衰?

如果只是写一个叫万卡的九岁小男孩,圣诞前夜,忍受不了独自一人在外学徒生涯的痛苦,给唯一的亲人爷爷写了一封诉苦求救的信,还会有《万卡》这篇小说这样的魅力吗?

不会。为什么呢?因为,契诃夫让万卡写给爷爷的信,没有地址,是一封永远无法寄到的信。如果爷爷真的收到了信,跑过来把他救回家,小说就不会给读者那么大的震撼了。

那么，仅仅是因为万卡寄出了一封爷爷永远也不会收到的信，小说就真的具有了那样悲凉的魅力了吗？小说的魅力就仅仅在于悲凉的结尾处理吗？契诃夫的伟大，在于他并没有将一篇内容丰富的小说处理成一篇简单的小小说，也没有将其变成欧亨利式的小说仅在结尾处灵光一闪。

想要解决这样的疑问，需要仔细阅读这篇小说。仔细阅读的最好的方法，是拆读法。所谓拆读，就是像庖丁解牛一样，把文字拆解开来，一点点地读，一点点地分析，一点点地解开疑团，一点点地接近作品真实的目的地和秘密地，便有新鲜的发现。这样的方法，即老作家王汶石当年介绍他自己的读书经验时讲过的：像拆机枪零件似的，要把那一个个零件都拆解下来。拆读法还需要做的是，把拆下的这些机枪零件，再一点点地复原到文章原来的部位。在这样一拆一装的过程中，容易发现文章做法的来龙去脉。好的读者，应该如好的机枪手一样，拆卸自如，装载自如。

我们先来看，《万卡》这篇小说的基本结构，也就是王汶石先生所说的拆解机枪的主要零件，也是庖丁要解的这头牛的基本骨架，方才好下刀解牛。我们会发现，这个基本结构，是契诃夫让万卡一边给爷爷写信，一边回忆起和爷爷在一起的往事。过去的事情，眼前的情景，两条平行线，同时运行，就像电影里的闪回，就像音乐里的二重唱。一条直叙，一条插叙，这两条结构线，便是这头牛的两条基本骨架。我们需要拆解的，就是这样两条线。

我们主要拆解插叙这条线。在这篇小说中，插叙对于人物形象的塑造，和人物心情的渲染，乃至艺术情境的烘托，起到了至关重要的作用。插叙，是写作常用的一种方法。在这篇小说中，插叙比正面叙述的篇幅还要大。契诃夫没有把插叙仅仅作为内容的补充或延伸那种附加部分，而是作为内容重要的组成部分，是以过夫时态的叙述推动现在进行时态叙述，从而在这样过去与现在的互动之中，形成小说的合力，加剧了小说进程中我们阅读过程中的紧张感，方才让小说最后的结尾更加苍凉而令人感慨和回味。

拆解开来去读，我们会发现，契诃夫在小说两大段的插叙里，极力叙述的是过去万卡和爷爷在一起的欢乐时光，以此来对比万卡孤独一人在鞋铺挨打受骂吃不饱饭的痛苦生活。

拆解的结果，我们会清楚地看到，在第一段插叙中，写了这样三件事情，也就是庖丁解牛解出来的三块鲜肉：一是作为守夜人的爷爷的身边总跟着两条狗；二是爷爷和仆人们快乐地开玩笑；三是乡间雪夜美丽的景色，"整个天空缀满繁星，快活地眨眼。天河那么清楚地显现出来，就好像有人在过节以前用雪把它擦洗过似的。"我们可以把这一段话单拎出来，作为拆解出来的最鲜活生动的标本。

再来拆解第二段插叙，写了两件事情：一是万卡和爷爷一起去树林砍圣诞树，爷爷不住咔咔地咳嗽，树木被冻得咔咔地响，万卡孩子气十足的故意学他们的样子咔咔地叫；二是女仆人给万卡糖果吃，还教万卡认字读书和跳舞。

看，两段插叙中，我们拆解出这五件事，其中的人，甚至是风景，都是快乐的，是万卡向往的。如果没有这样的鲜明对比，痛苦不堪的万卡写给爷爷的信，就不会有那样打动人心的力量。这种明暗的对比，以快乐衬托痛苦，是这篇小说最主要的艺术特色。契诃夫就是用这样的方法，让一个小孩子向爷爷诉说自己痛苦的普通的一封信，有了震撼人心的冲击力。我们知道，万卡的信写完了，那些快乐的回忆也就随之结束了，小说就要收尾了，迎接万卡的，是这封信永远寄不到爷爷的手里。这是一种多么悲凉的结尾。快乐的回忆，是那样短暂，可望而不可即；痛苦还在眼前，而且将继续下去。这样的结尾，让最简单最常用的插叙方法，起到了这样大的作用，帮助契诃夫完成了比现实更具有力量的艺术空间的塑造。

如果我们没有进行这样的拆解，只是匆匆读完万卡的故事，就不过只是万卡给爷爷写了一封永远寄不到的信而已，把那样丰富的内容简化了。这便是拆读法的重要性，它能让我们的阅读从表面深入内层，深入万卡的内心。

我们阅读时，如果只看到了这样以快乐对比痛苦这一点，说明我们的阅读有了明显的收获，却还是不够深入。也就是说，还需要我们继续拆解去读。

如果我们回过头来再仔细拆解一遍，或许会有新的发现。第二段插叙中，契诃夫特意写了这样一笔，是不是在我们上一次拆解时忽略了？万卡让爷爷在老爷家的圣诞树上给自己摘一个圣诞礼物。其实，那只是用金纸包着的一个核桃，但是，万卡却让爷爷替他"收在那口小绿箱子里"。同时，万卡嘱咐爷爷："我的手风琴不要送给外人。"这是万卡的两个小小的愿望，说明他是多么想回到爷爷身旁，而且，对于这两个愿望的实现，他的心里是充满希望和信心的。可是，他写给爷爷的这封信，却永远寄不到，他的这两个愿望，爷爷不会知道了。这是多么残酷的事实呀。每当读到这里的时候，想象着烛光下写信的万卡，我们的心里会不会一颤，眼睛发酸？如果会，说明我们的拆读法有了明显的效果。

快乐和痛苦的极端对比，希望在现实面前无情地破灭，万卡的经历让人心疼，让人悲伤，让人无奈。

还有一点，在第一段插叙中，契诃夫写了总跟在爷爷身边的两条狗，其中重点写了那条叫"泥鳅"的狗，它总是挨主人的打，甚至被打断了腿。"泥鳅"的命运，会让我们想起万卡。小说最

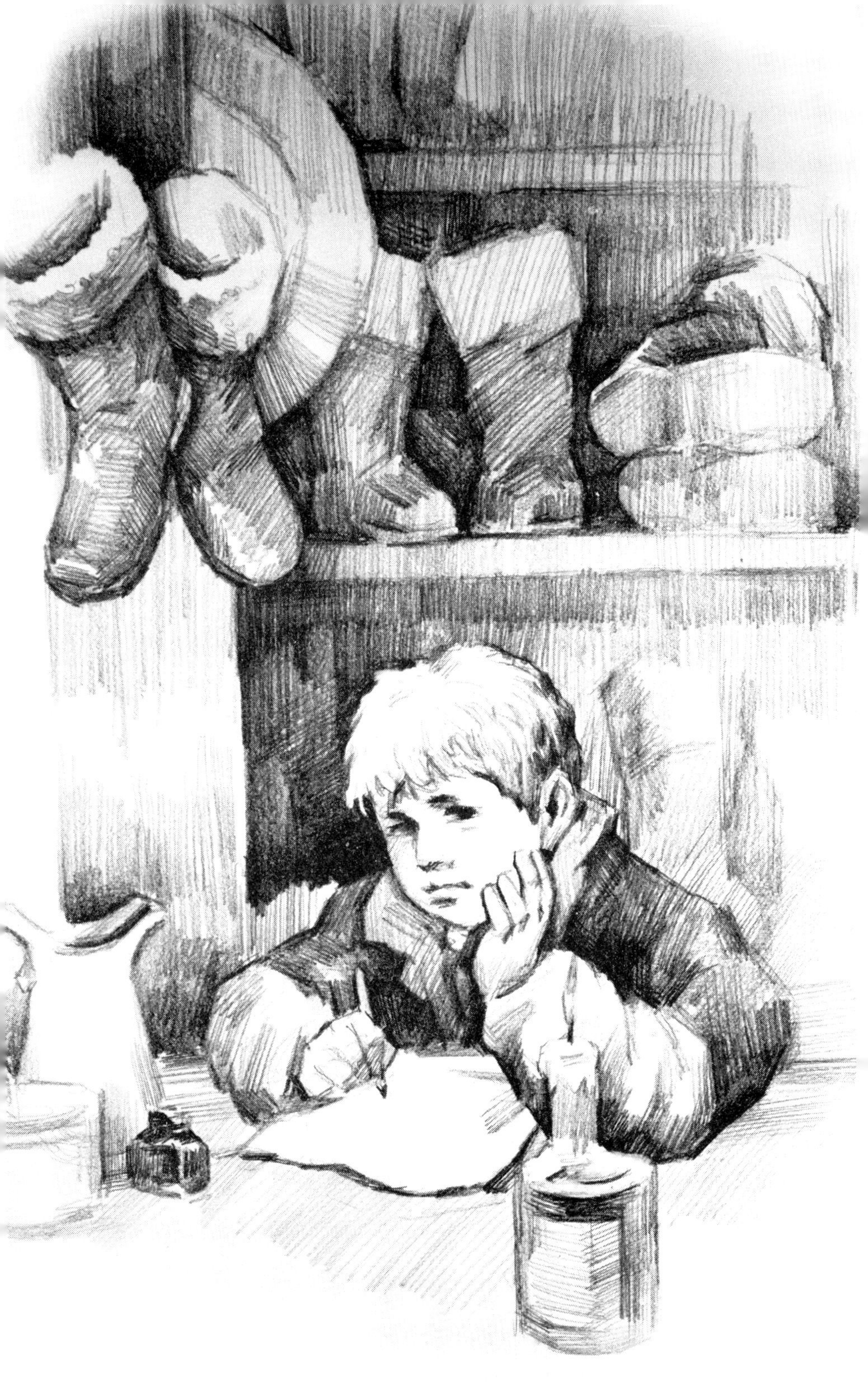

后让万卡做了一个梦,梦见了爷爷,也梦见了"泥鳅"。读到这里,我们想想,万卡内心该是多么心酸,"泥鳅"还能够守在爷爷的身边,而万卡自己却不能。如果我们在第二次的拆读中,没有发现这条狗在小说中起到的作用,那么,我们的拆读还没有到位。这条叫"泥鳅"的狗,是藏在庖丁解牛的这头牛里的一个重要组成部分,缺少了它,说明我们解牛不如庖丁,还需要学习锻炼。

通过这样拆读法的试验,我们看到了,最普通的插叙方法,契诃夫将其用到了极致,万卡的这封著名的信,才有了这样丰富而动人的力量。

我有时候会想,如果契诃夫写的是一封寄到爷爷手里的信,爷爷来城里把万卡接回去了,还会有这样震撼人心的艺术力量吗?肯定没有。插叙中我们所拆读出来的那五件事,还有那条叫"泥鳅"的狗,也就不会那么打动我们了。所以,看得出来,万卡的寄不出去的信是万卡的不幸,但这不幸却成就了文学的魅力。

好的文章,总是能给予我们一些怅然若失之感,或者说艺术的魅力之一就在于有这样的怅然若失。李商隐的诗"此情可待成追忆,只是当时已惘然",指的就是这样的艺术魅力。**在渴望得到和不能得到,在拥有和失去之间,包括文学作品在内的艺术,**

常常不会如实用主义者那样胜券在握，但是，怅然若失构成了艺术独有的品质和力量。如契诃夫的《万卡》这样的优秀的文学作品，便拥有这样的品质和力量。阅读它们，能够滋润和丰富我们的心灵。

试验一下这样的拆读法吧，它一定能带给你不一样的阅读体验和收获。

> **推荐阅读**
>
> ☆【俄】契诃夫《万卡》

深读法

——深读逼迫深入思考

很显然,深读就是读书要往深读下去,简单地说,不是仅仅读故事情节,读好词好句,而是能读到表面背后更深层一些的东西才好。深读,是细读的延伸和加强版。

《九三年》是我最喜欢的一部雨果的小说。我第一次读它的时候,是在北大荒,大概是1971年的冬天,借来读的。它非常吸引我,那时候我年轻,记忆力好,能够从头到尾复述全书整个故事,连书里面那些难记的外国人名,都滚瓜烂熟。但是,那时候,因为是借来的书,读过之后赶紧还给人家了,谈不上深读,只是觉得很震撼。时隔七年,1978年,我花了1.15元买到一本新出的《九三年》,再一次读,因为是自己的书,读得从容些,可以在书上勾勾点点,还抄了好多段落,做了读书笔记,对书的内容和雨果所描写的人物，有了深一些的认知，与七年前读的相比，算得上是一次稍微细一点的深读吧。

《九三年》是雨果的最后一部长篇小说，是他多年积累和思考的心血之作。它描写了法国 1793 年那场波澜壮阔的资产阶级大革命。

1793 年 5 月的最后几天，一支代表着红色的革命军队，叫作"红帽子联队"，从巴黎出发，在法国旺岱一个叫作索德烈的森林里搜索逃到这里的白色叛军。红白双方死伤都非常惨重，革命军从巴黎出发时是一万两千人，到了这时候已经死亡了八千。所以，在索德烈森林搜索的时候，"红帽子联队"小心谨慎，他们自己说是每一个士兵的背后都得长着眼睛。索德烈森林里到处是叛军逃跑时留下的烧焦的痕迹，即使有一只鸟飞过，也是在刺刀上鸣叫。当他们在灌木丛中发现一个妇女带着三个孩子的时候，故事才真正展开。这个叫作佛莱莎的社会底层的一位母亲，只有在这场大革命中才有可能和社会的上层人物——革命军的首领郭文和西穆尔登神父、叛军的首领朗德纳克侯爵，发生关系。这是文学中的情节与人物关系上的联系。雨果要用这位平民母亲和她的孩子为药引子，牵连出他所要表达的"在绝对正确的革命之上有一个绝对正确的人道主义"。

雨果的这一主张，曾经遭到过批判，他所开出的人道主义的药方，能够解救陷入物质崩溃与精神信仰困境中的人们吗？小说的结尾，为了解救在大火中的三个孩子，我们惯常认为的坏蛋朗德纳克，却放弃了自己逃跑的机会；而朗德纳克的侄子，革命军的总司令郭文，为了救自己的亲人，却放跑了革命的敌人朗德纳克；郭文的老师西穆尔登，为了革命的利益，大义灭亲，判处郭文死刑。这一连环的情节中，人物各自迥然不同的性格与命运，让我震撼的同时，也让我困惑，而不由得深入读下去，深入思考下去。

小说里，郭文包围了朗德纳克的堡垒，朗德纳克从一扇铁门出来，然后用一把大锁锁上了这扇铁门，也就是挡住了郭文登上堡垒捉到他的唯一通道。当他跑出一道石门，躲藏在荆棘丛中之后，马上就可以死里逃生了，这时候，他猛地听到一声嚎叫。起初，他以为是一头母狼的嚎叫，后来，他听清了，是一个女人的嚎叫。在朗德纳克刚刚逃下来的堡垒的上面，那上面已经起火，他看见了火里面的三个孩子。这时候，朗德纳克冒着大火，重新爬上堡垒的顶端，在墙边找到了一个救命梯，顺着山坳把梯子一直放到了山脚下。三个孩子都被救了下来。朗德纳克最后从堡垒上面走下来，当他走到梯子最后一级，刚刚把脚踏在地面的时候，一只大手落在他的衣领上，他回头一看，是西穆尔登。西穆尔登对他说："我逮捕你！"朗德纳克说："我允许你逮捕我！"

真的，读到这里的时候，我非常惊讶，这是我第一次读时没有注意过的内容。我在想，朗德纳克作为一个阶级敌人，他能够在危难之中不顾自己的性命去解救那三个贫苦的孩子吗？黄世仁怎么可能去救白毛女呢？南霸天也不可能良心发现去救吴琼花吧？

小说最后一卷"表决"一节，第一法官盖桑先以罗马帝国414年大法官曼柳斯的儿子没有得到命令擅自打了胜仗而被曼柳斯处死为例，说："违反了纪律必须受到严惩，现在是违反了法律，法律比纪律更高。怜悯可以构成罪行，郭文司令放走了叛徒朗德纳克。郭文是有罪的。我主张死刑。"军曹拉杜则表示："老头救了几个孩子做得很对，司令救了老头也做得很对，如果把做好事的人都送上了断头台，那么滚远点的吧！我再也不知道我们的目的到底是什么了。我们再也没有理由不做坏事了。"他投了释放郭文的一票，宁愿砍掉自己的头代替郭文。军曹和第一法官的话，也是我们心里争论的话。在人性和革命的冲突面前，雨果表明了他鲜明的态度。

《九三年》充满了思辨的色彩，尤其是后面，朗德纳克为救孩子的性命而选择牺牲自己，郭文为救朗德纳克而选择牺牲自己，西穆尔登为处死郭文而选择自杀。面对他们舍身成仁的共同选择，虽然明知是虚构的小说，我的心里还是受到震撼。他们都不是为自己的私利，郭文是为了良心，西穆尔登是为了法律，朗德纳克是为了孩子。他们当中谁能够说得上是绝对的正角或反派呢？《九三年》颠覆了当时流行的样板戏里那种高大全的英雄人物和反面人物的界限，也颠覆了当时甚嚣尘上的"高头讲章"，为我进行了一次革命和人道主义的启蒙。这就是这次深读给予我最大的收获。毫不夸张地说，这样的深读，对于我是唯一的一次，在这之前和之后，我都再没有过这样的阅读体验。

我从来没有看过这样思辨色彩浓郁的小说，它的人物雷与电般的对白和波澜起伏、一泻千里的内心独白，看着痛快，逼迫着我不得不跟着雨果一起思考。雨果有着一双强悍的手，攥住我的心，让我跟着他一起走进他的旋风般的小说世界，我不止一遍地问自己，如果我是郭文该怎么办？我是西穆尔登该怎么办？我是朗德纳克又该怎么办？真诚而忠诚地信赖一位作家，痴迷一部小说，心甘情愿地和小说里的人物一起走，彻底混淆了小说和现实，真的是在我以后的阅读中再也没有出现过。

我至今还清晰地记得朗德纳克从那个梯子上走下来而被捕，要不要处以他死刑，郭文内心有一长段痛苦的独白。我读的时候，内心也在不停地思索着：这个梯子是救命梯，对于朗德纳克却是丧命梯。他为什么要这样做呢？为了救三个孩子。那三个孩子是他自己的吗？不是。是他一家的吗？不是。是他同阶级的吗？不是。为了三个可怜的小孩子,偶然遇到的弃儿,衣服破破烂烂的,赤脚的孩子,这位贵族、亲王,高傲地救出孩子的同时,也要交出自己的头颅。人们怎么办?接受他的头颅,送他上断头台?朗德纳克在别人的生命和他自己的生命之间做一个选择,在这个庄严的选择中,他选择了自己的死亡。人们同意他死亡,人们要砍掉他的头颅。对于英雄的行为,这是怎么样的一种报酬啊!用一种野蛮的手段回答一种慷慨的行为!革命居然也有这样的弱点!这是对共和国怎样的一个贬值啊!问题在于,朗德纳克是一个英雄吗?他不是一个革命的敌人吗?我在心里这样争辩着,读书的深入,便这样不自觉地进行着。

雨果没有简单化地把朗德纳克处理成为舍己救人的形象,他有他的一套内在逻辑,他把朗德纳克放进自己的人道主义的连环圈中。这样,面对放还是不放朗德纳克这道残忍的难题,郭文的内心独白便有他自己和自己论战的悲壮性质。在另一处,雨果进一步深入写道:三个小孩在危难中,朗德纳克救了他们。开始谁使得他们陷入危难的呢?难道不是朗德纳克吗?是谁把这几只摇篮放在大火里面的呢?难道不是伊曼纽斯吗?他是朗德纳克的副官。应该负责的是他们。因此,纵火和杀人的都是朗德纳克。

然后,雨果这样解释朗德纳克:"他在筹划了罪行之后,自己又退缩了。他自己吓着了自己。那个母亲的喊声唤起了他内心的过时的慈悲心。这种慈悲心是人类共同生活的残余，一切人心里都有，连心肠最硬的人也有。他听见了这喊声才往回走。他已经走入黑暗里，再退回到光明里。"

这是郭文的独白，再看郭文和西穆尔登的一段对白。在郭文就要走上断头台的前夜，西穆尔登走进了关押郭文的土牢。这只有着凶猛的翅膀就是为了狂风暴雨而诞生的海鹰，这位找寻脓疮来接吻才是善行的狂人，对他的学生郭文说："比一切更重要而且在一切之上的，是这条直线——法律。这是绝对的共和国。"而郭文却说："我更爱的是一个理想的共和国。"郭文所说的理想的共和国，是应该有牺牲、克己、仁爱和恩恩相报。他对西穆尔登说："你的共和国把人拿来称一称，量一量，然后加以调整；我的共和国把人带到蔚蓝的天空里。"他打了这样一个比喻："比天平更高一级的还有七弦琴。"这是一个美妙的比喻。它不应该仅仅属于文学，应该属于现实。革命也好，改革也罢，对于所有人来说，共和国应该是一架七弦琴。

郭文和他的老师的分歧，远不止关于共和国的理念和理想。针对西穆尔登的共和国要的是数学家欧几里德造成的人，郭文还打了一个比喻，他说他所希望共和国里的人是"诗人荷马造成的人。"西穆尔登警告他不要相信诗人，他反驳道："是的，我听过这样话，不要相信清风，不要相信阳光，不要相信香气，不要相信花儿，不要相信星星。"西穆尔登进一步警告他说这些玩意儿解不了饱。郭文针锋相对说思想意识是一种养料，想就是吃。西穆尔登则认为这是空话，他的共和国就是二加二等于四，他说："当我把每个人应得到的一份给他……"郭文打断他："你还要把每个人不应得的那一份给他！"

这些精彩而意味深长的争论，当时读的时候，是那样激动人心，现在想起，依然心潮澎湃。关于理想中的共和国和共和国的公民的概念以及设想和描画，雨果为我打开了一扇窗，吹进清爽的风。

我应该庆幸1978年那次深读《九三年》。它不仅有助于我的写作，更丰富了我的思想和情感。深读，逼迫着我深入思考。正如雨果说过的"想就是吃"，深入地想，才能让书中的营养为自己所吸收，变为自身的营养。

> **推荐阅读**
>
> ☆【法】雨果《九三年》

一口井读法

——不入虎穴，焉得虎子

林语堂在谈到读书方法的时候，说有许多读者"不能钟情于一个人，随便哪个作家的作品，他们都可以读；一切作家的作品，他们都可以读，他们是不会有什么成就的。"我很赞成这句话。当然，一个人成长的阶段不同，钟情的作家，会随着年龄段的变化而变化，但不宜乱花迷眼。泛读，尽管有时是需要的，但泛读永远代替不了这样的读法。

自然，每个人的经历和性情不同，审美趣味和学养水平不同，自有各自钟情的作家。记得我读中学的时候，先喜欢任大霖，后喜欢冰心；后来，先喜欢罗曼·罗兰，后喜欢雨果；再后来喜欢俄罗斯作家巴乌斯托夫斯基。那是二十世纪七十年代的事情，当时，我还全文抄录过他的《雨蒙蒙的早晨》和《盲厨师》。一直到现在，五十年来，尽管也读了不少其他作家的作品，但经常读的还是巴乌斯托夫斯基。我几乎买了他在我国出版的全部译作，其中最常读的是《巴乌斯托夫斯基选集》上下两卷，和《一生的故事》六卷。不断地读，不贪多，不企图一口吃个胖子，每一次读一点儿，每次便能吸收一点儿，慢慢地积累，像滚雪球一样，收获自然就大。

我将这样的读书方法，称之为"一口井读法"，指的就是将一位喜欢的作家的作品尽可能多地占有，然后像挖一口井一样，一挖到底，一直挖到见水为止，颇有些"不入虎穴，焉得虎子"的感觉。可以说，一口井读法，是深读法中特殊的一种。这样的读法，尽管费时间，下的是笨功夫，却也会对自己有益。

在《一生的故事》第一卷中，有一节《胸膜炎》，写的是巴乌斯托夫斯基九岁时和甘娜的一段短短的交往。只有十六岁的甘娜得胸膜炎死掉，巴乌斯托夫斯基很伤心。如果文中只是这样简单地叙述，这一段怎么能够感动读者呢？即使说再多的伤心和想念，也是无用的。巴乌斯托夫斯基将自己对甘娜的感情，一步步有条不紊地娓娓道来，才让读者跟着他一起一路读来而一路感动。

他先写夏天甘娜和一群姑娘在河边玩算命的游戏，在花环上点燃一只蜡烛，看谁的蜡烛在水中漂得远，谁将来就最幸福。甘娜的蜡烛先熄灭了。先不动声色地预示了甘娜的命运。这是文章的铺垫，并不新奇。

接着写暴雨来临，巴乌斯托夫斯基和甘娜跑到窝棚里避雨，他看见甘娜不住地咳嗽，如果仅仅写咳嗽，没有什么新鲜的。他跟着写了句："我看到，她娇嫩而洁净的脖子上有一条筋在猛烈地跳动着。"如果仅仅写这条筋跳动，只是咳嗽的具体化。这条跳动的筋的作用，在后文中凸显。这便有了些新意了。

再写甘娜咳嗽吐血。他这样写："甘娜轻轻推开我，用绣着红色橡树叶的衬衣袖子紧紧捂在嘴上，就在这些橡树叶旁，一个很像绣出来的橡树叶的小血点在亚麻布上扩散开来。"即使是悲伤的吐血，也让巴乌斯托夫斯基写得这样美。两个"绣"字的前后出现，将那吐出的血点，写得如诗如花。如诗如花的，让我们想象的更是甘娜美好的样子。这是描写的功夫。

甘娜病重在床，听到医生说她活不到来年开春了，巴乌斯托夫斯基写道："我哭了，叫妈妈过来，一把抱住了她，我发现妈妈脖子上也有一条像甘娜脖子上的青筋在跳动。于是我哭得更厉害了，好久都停不下来。"看，前面写到的那条筋起作用了，重复出现的筋，将一个小孩子的心情写得那样真切又熨帖。如果没有这条筋，只是写悲伤的哭，便不会这样感人。这是细节的作用，是铺垫与呼应的作用，写得清新自然，不着痕迹。

最后，甘娜在冬天死去。来年的夏天，巴乌斯托夫斯基和妈妈给甘娜上坟，有这样一段简洁的描写：

> 我把一束用黑丝带扎起来的母菊放在那个绿茵茵的小丘上。甘娜时常把这样的花编在她的辫子上。妈妈打着红色的小阳伞站在我身旁，我并不是独自一个人来看甘娜，不知为什么觉得很不好意思。

只是短短的三句话。每一次读到这里，我都很感动，都觉得巴乌斯托夫斯基写得好。那一束用黑丝带扎起的花，妈妈站在身边，自己很不好意思，将小小年纪的巴乌斯托夫斯基对甘娜的感情，写得如此微妙细腻，如描如绘，跃然纸上，又是那样有节制，干净犹如爽朗的雕刻。如果没有这花和这一笔"很不好意思"，只是写和妈妈一起来上坟看甘娜，该是何等的乏味。

在这本书里，还有一节《圣斯拉夫大街》。在基辅的这条大街上，有一个流浪乐手和他的女儿丽莎，靠拉琴和用一只鹦鹉给人算命，卖艺为生。这一节，写少年巴乌斯托夫斯基和丽莎之间的友情，有这样两段，写得格外动人。

一段是他借书给丽莎看。一次他病了，丽莎好几天没有见到他，着急了，贸然登门还书，让妈妈第一次碰见了她。妈妈反感她，担心儿子受到不良的影响，为此，和爸爸争执起来。争执过后，妈妈对丽莎的态度好转。怎么写这个好转？巴乌斯托夫斯基写了这样两件事：

一件是巴乌斯托夫斯基病好了以后，妈妈拿出一本马克·吐温的《王子与贫儿》，让巴乌斯托夫斯基给丽莎送去，送给她；"我也用不着偷偷地从餐柜橱里拿糖或花生去喂那只几乎快瞎了的鹦鹉了。"

一件是当妈妈知道鹦鹉死了，流浪乐手和丽莎再无法卖艺为生，立刻叫上巴乌斯托夫斯基，一起去买了一只新鹦鹉，给他们送去。这一段描写最出色。他先写"我"因买到鹦鹉激动，不小心被鹦鹉咬了手，咬到骨头上，"但我几乎没有觉得疼。"接着写妈妈要跟"我"一起给流浪乐手送鹦鹉，走之前，妈妈去换衣服。"为了到衣衫褴褛的人们那儿去，还要换衣服，我为此感到很不好意思，但是我什么也没敢对她说。"紧接着，他写道：

几分钟后，她出来了。她穿一件胳膊肘打了补丁的旧连衣裙，头上包了头巾。这一次她手上甚至没有戴那副雅致的细羊皮手套。连鞋子也换了一双后跟已经磨歪的。

全部都是"白描"，将一个善良又善解人意的妈妈的形象，极其干净利落鲜明地勾勒出来了。

另一段写巴乌斯托夫斯基和丽莎分手。警察驱赶走流浪乐师和丽莎的前一天夜晚,父女俩请他吃了一顿晚饭,只有寒酸的黑面包、烤番茄和几块用粉红纸包着的不干净的硬糖。他很晚才告辞,丽莎一直送他到家门口。这一段送别,有这样两大段描写,特别让我难忘。

一段写景——

> 高空中第一颗星星亮起来了。秋天的华丽的花园默默地等待着夜晚,它们知道,星星是一定会落到地上,花园将用自己像吊床一样的浓密的叶丛接住这些星星,然后再那样小心翼翼地把它们放在地上,城里谁也不会因此惊醒,甚至都不会知道这样的事情。

这一段景色的描写如童话般美,"花园将用自己像吊床一样的浓密的叶丛接住这些星星",想象奇特、美妙。这样描写,不是我们所说的那种惯常的以景来衬托心情,而是融化在巴乌斯托夫斯基全部的情感和文字当中,成了"我"和丽莎之外另一个不能剔除的重要角色。

另一段是写心情——

丽莎把我送到家，分手时塞给我一块用粉红纸包着的黏糊糊的糖果，就很快跑下了楼梯。我好久下不了决心去拉门铃，害怕因为回来得太晚而挨骂。

孩子之间纯真的友情，被他写得多么温馨而曼妙，纯净而透明。

我喜欢巴乌斯托夫斯基这样的文笔，这样的文笔牵动着他真挚的情感，生动地描画出他笔下的人物，从而感动着我。每一次读巴乌斯托夫斯基，都会觉得稍微深入了解他了一些，也稍微深入他写作秘密宝库的一部分，便都有不一样的收获。起码，对于我，无论是学生时代，还是长大成人以后，"深挖一口井"的读法，是非常有用且必要的。

> **➤ 推荐阅读**
>
> ☆【俄】巴乌斯托夫斯基《一生的故事》

重读法

——最有价值的阅读

一

美国著名学者苏珊·桑塔格曾经说过这样一句话:"最有价值的阅读就是重读。"我是深以为然的。

好书,好文章,值得一读再读。重读的好处,在于不断加深理解,便于逐渐消化,从中学到和吸收到更多东西。这样的重读,要远比泛读有价值得多。因此,我一向觉得对于一般人来说,读得多,不见得比读得少更有收益。重读,便是精益求精的一种好的读书法则。

前面讲过的我读雨果的《九三年》,说是深读,其实也是重读。这一次,我重读《知在》,是因为它和张洁所写的别的小说不一样，甚至比她获得茅盾文学奖的《沉重的翅膀》，更值得重读。《知在》的篇幅短，只有不到十三万字，但很好看。

《知在》，对应张洁的另一部长篇小说《无字》。"知在"是一个很抽象的词。对于张洁来说，也许就是对于命运作用于人生、小说演绎出世界的一种态度吧。这种态度，是写作态度，也是认知态度，相较于张洁以前如《沉重的翅膀》等小说的浅表层入世而言，《知在》中是一种曾经沧海之后而寥廓霜天的省悟与境界。

读《知在》，开始你会以为收藏家叶楷文是小说的主角；读到后边，你会以为性格与命运截然不同的金家两位格格是主角。但是，再一次阅读，掩卷之后，你恍然大悟，那幅神奇莫测、一分为二的晋画，才是真正的主角。这样的阅读体验，是重读才会有的结果。重读，犹如耕地，不断深耕之后，才会变生地为熟地，撒下的种子才会有收获。起初，我们对于作品是生疏的，只有一次次地重读，才会熟悉它，理解它，喜欢它，从而记住它，并从它那里获得收获。

重读《知在》，发现凡是与这幅晋画相关连的人，最后的命运都不怎么好；他们都能够在画中看出自己未知的影像与情景。这幅波诡云谲的晋画，是一面镜子，是一种谶语。神秘的色彩，荒诞的色彩，融入古典情怀之中，使小说有了现代主义的意味，而不再是为了讲述一个跌宕起伏的故事。

读《知在》，开始时，北京后海老宅中出现的老人和老画，给你悬念；读到后边，阴差阳错而一位在京城一位漂泊海外的两位格格的爱恨情仇，都会让你感到有些像通俗小说；读到最后，你恍然大悟，张洁只是融入了通俗小说的元素，却在流行通俗的地方拐了弯儿，几代人次第出场了，1700年前的贾南风和一痴出场了，将街面上流行的一锅热腾腾的涮锅子，搅成了哪吒闹海一般风啸雨骤。

读《知在》，读到乔戈这个在时代调色盘中不停变色的人物，多少会觉得有张洁以前作品中那种男人的影子。其余人物，哪怕只是最后出场的大格格的后代——天生不爱男人爱女人的毛莉姑娘，也都是张洁以前小说中没有过的人物。小说中人物的性格与命运，均让人耳目一新。这一定是张洁有意为之，她不愿意重复自己，所以，她让这个"眼生风、嘴生情，人见人待见"的乔戈，早早在第二章就提前毙命，免得轻车熟路。在小说的创作中，张洁保持着难得的童心，她像是一个贪嘴的孩子，总想尝鲜便保持着总是新鲜的味蕾，也把这新鲜的感觉化为了笔下小说新鲜血液的涌动。

《知在》写得最精彩的，是托尼和海伦的爱情；贾南风提着青梅竹马恋人的身体物件，一路滴血而来，血如昙花转瞬开落；叶楷文最后写满条幅将四壁铺满黑白二色那黑森森白惨惨如同殡仪馆景色；还有尾声中毛莉姑娘收到的那神秘的来信。如今小说的情恋描写，深受影视影响，大同小异，而且席梦思上的抒情胜于文学的书写。托尼和海伦，他们的爱情红线像是一条也叫托尼的小狗牵的，两人的爱情被写得摇曳生姿，新鲜而温馨感人。重复自己是容易的，超越自己，需要有一种自知，也需要耐心、智慧和承受风险的勇气。

《知在》明显区别于《无字》，它让读者看到了一个新鲜的张洁，她像一个顽皮的孩子，尝试着把曾经熟悉的一切打翻，再将不熟悉的一切重新筑起。读《知在》，总让我想起西班牙建筑师高迪（A·Gaudi），他一生的建筑都不重样，七十高龄那一年，他还要衰年变法，坚持建一座内无支撑外无扶垛造型奇特如古摩尔风格变种的巨大建筑。如今那里已成为巴塞罗那有名的居埃尔公园，高迪那奇特的建筑成了奇异的风景。好的小说家，也是好的建筑家，能将小说建成奇异的风景，而不是建成实惠而千篇一律的住宅小区。

特别要说的是，这部小说的结构，五章一个尾声，如同交响乐的五个乐章和一个终曲，是经过精心构制的。细心的读者会读出其中乐思的贯通、旋律的节制、配器的缜密与衔接的艺术所在。简洁的叙述，干净得像冰凉的骨架，在骨头的缝隙中，将一段被历史隔开1700年的风云，浓缩在一部仅仅13万字的长篇小说之中。

二

在美国，我曾经在芝加哥大学一位韩国留学生家里住了一段时间。在她的书架上，我看到了余华的书，书的扉页上有余华的签名，是她到北京拜访余华的时候，余华赠送给她的。可想而知，她也是很喜欢余华的小说的。我在她的书架上找到余华的《在细雨中呼喊》，这是余华的第一部长篇小说。前些年的老书了，我虽然早读过了，但重读起来还觉得很新鲜，便在芝加哥大学宽敞的图书馆里花了几个晚上重新读了一遍。好书不是时令的鲜花或水果，过季就零落腐烂，而是树木，总是能够常读常新，在阅读中发现新长出来的枝条，迎风摇曳生姿。

掩卷之后，还是发现自己喜欢这部小说，胜过余华其他的长篇，虽然他的《活着》和《许三观卖血记》也很好，而且，很多人认为写得比《在细雨中呼喊》好。但我还是觉得《在细雨中呼喊》写得更好。

也许，因为这是余华的第一部长篇小说，他生活、情感与写作经验的积累，在这部作品中得到了喷发，无论从生活的质感、感情的抒发、先锋写作的表达，与他以后的几部长篇相比，都更胜一筹。作为长篇的处子之作，它的清新更是其他长篇无法比拟的。在长篇写作上，他也可能抵达得更远，但在出发地更让我流连。

《在细雨中呼喊》，也许应该算作一部成长小说，也可以算是一部回忆小说，寻找并重构回忆。很多作家的长篇处子作都是这样起步的，其自传的成分浓郁，更能看到作家的生活与情感的影子。当然，从某种程度而言，作家的大部分作品都带有其自传的成分，但这部长篇的自传成分是由表及里渗透骨髓之中的，是弥散在字里行间的。这与余华日后的《兄弟》拉开明显的距离。可以这样说，在余华日后的长篇写作中，再也看不到这样的写作姿态。

在重读的时候，我心里常常泛溢着异样的感觉。这感觉来自他的叙述方式、语言；将人物和故事剪碎后，不是在时间中而是在自己的回忆中自由散漫地游走的拼贴和表达；今日的感喟与心情和过去的日子与故事的跳荡、交融、互文……可以想象八十年代文学写作的先锋形象与心理。弥漫全书的少年维特式的忧郁调子，也充满已经远逝的那个时代的诗意。

> 我成长以后回顾往事时，总要长久地停留在这个地方，惊诧自己当初为何会将这哗哗的衣服声响，理解成是对那个

女人黑夜雨中呼喊的回答。

我以为小说里的这句话,是小说的意象,可以说是小说的种子。正是从这句话出发,余华有了整个小说创作的走向和规模。

在这部小说里陆续死的人过多,让人感到了生活的沉重和人生的残酷,而这样的沉重和残酷,与《活着》是不同的。

> 我第一次看到了死去的人,看上去他像是睡着的。这是我六岁时的真实感受,原来死去就是睡着了。

> 我害怕像陌生男人那样,一旦睡着了就永远不再醒来。

在另一处,"我"弟弟死的时候,他写道:

> 我弟弟最后一次从水里挣扎着露出头来时,睁大双眼直视耀眼的太阳,持续了好几秒钟,直到他被最终淹没。几天以后的中午,弟弟被埋葬后,我坐在阳光灿烂的池塘旁,也试图直视太阳,然而耀眼的光芒使我立刻垂下了眼睛。于是我找到了生与死之间的不同,活着的人是无法看清太阳的,只有临死之人的眼睛才能穿越光芒看清太阳。

从孩子的眼睛里看到的死亡,更为特殊,有些惊心动魄。在第一次看到死亡之前:

> 我们奔跑着,像那些河边的羊羔。似乎是跑了很长时间,我们来到了一座破旧的庙宇,我看到了几个巨大的蜘蛛网。

> 我注意到黑色的衣服上沾满了泥迹,斑斑驳驳就像田埂上那些灰暗的无名之花。

在弟弟死的时候,他着重写了太阳耀眼的光芒。在这里,余华不吝他的比喻,用"羊羔"、"蜘蛛网"、田埂上的"无名之花"、"太阳耀眼的光芒"和死亡作对比,来衬托孩子的心情,来对应生与死,像是画面背景洒满点彩之笔,这是余华日后写作中很少见到的。

> 我在语文作业簿的最后一页上,记下了大和小两个标记。此后父亲和哥哥对我的每一次殴打,我都记录在案。

> 时隔多年以后,我依然保存着这本作业簿,可陈旧的作

业簿所散发出来的霉味，让我难以清晰地去感受当初立誓偿还的心情，取而代之的是微微的惊讶。这惊讶的出现，使我回想起了南门的柳树。我记得在一个初春的早晨，突然惊讶地发现枯干的树枝上布满了嫩绿的新芽。这无疑是属于美好的情景，多年后在记忆里重现时，突然和暗示昔日屈辱的语文作业簿紧密相连，也许是记忆吧，记忆超越了尘世的恩怨之后，独自来到了。

这些描写的段落，都是在这一次重读时候发现的，而在第一次读的时候竟然没有留下一点印象。他写得确实是好，他将柳树枯干枝条上嫩绿的新芽和象征着昔日屈辱的作业簿那样生硬地强拉在一起，却产生了出奇的间离效果。他将记忆中的客观现实与主观心情，写得那样真实而富于起伏。他的思绪和笔触信手拈来，如同印象派画家手中的画笔和色彩，总能够随意挥洒出一种意想不到的景致来。

重读时，读到小说中关于"我"和苏家兄弟的交往，愈发觉得写得动人，觉得是小说中的华彩乐章。余华没有编排离奇的故事，却用平易但惨痛的人生命运，撞击着少年的心。这比一般惯常见到的以情节取胜的小说，更具刺痛人心的力量。苏家两个孩子在围墙里家中的游戏和笑声；他们的父亲苏医生骑车带着他们穿过田间小路的时候，坐在前面的弟弟不停地按响车铃，坐在后面的哥哥发出激动人心的喊叫，那些难忘的情景，都让"我"想起了家。

在我十六岁读高中一年级时，我才第一次试图去理解家庭这个词，我对自己在南门的家和在孙荡的王立强的家庭犹豫了很久，最终确定下来的理解，便是对这一幕情景的回忆。

这一次读，唤回我的上次读的时候的记忆，依然很感动，余华总是能找到恰到好处的时间地点和方式，不动声色而富有节制地表达出他内心涌动的情感，而在不知不觉之中让人生结出厚厚的老茧。

苏家一家返城之后，重新来到苏家围墙的时候，他写道：

> 我就再没看到苏家兄弟令我感动的游戏。不过，我经常听到来自围墙里的笑声。我知道他们的游戏仍在进行。

看到这里的时候，我忽然想起了曾看过的日本电影《生死恋》中主人公重新回到网球场，回想起死去的恋人打球时球落地的砰砰声和那欢快的笑声。以静制动的叙述，简约而有力地将心情表达得那样富于画面感，无限延伸的是画面，更是心情。

返城后的哥哥苏宇找到工作后回到南门找"我"未果，一年后他死了。而多年以后，余华写道：

> 当我考上大学后，却无法像苏宇参加工作时来告诉我那样，去告诉苏宇。我曾经在城里的一条街道上看到过苏杭，苏杭骑着自行车和几个朋友兴高采烈地从我的身旁疾驶而过。

人生的沧桑，打碎了少年的缱绻情怀。一个个梦破碎之后，少年长大了。长大是司空见惯的结局，长大的过程却因人而异，花开花落的枯荣之间，心情与心理的微妙而多端的变化，远比故事的曲折难写，却撩人心魄。重读的时候，这是这部小说最让我沉浸之处。

上述这些，都是这次重读的收获。好的作品，值得重读。作品中的人物情节和情境，带动着你一起共舞，浑然贯通，就像树木进入夜色那样，彼此融合。

三

四十多年前，找到一本好书太不容易。那时，我刚从北大荒插队回到北京，找到一册列夫·托尔斯泰的《安娜·卡列尼娜》，真是爱不释手，当时边看边做了大量的笔记。后来，评论家冯立三先生偶然之间在评价我国当代小说创作的时候，对我谈起了《安娜·卡列尼娜》，让我禁不住重读托尔斯泰，又翻出当年我抄录的那个笔记本。

在这个笔记本中，我列下小说里这样一个人物关系，这是我最初学习小说的笨法了——

安娜　　卡列宁　　★夫妇

杜丽　　奥布朗斯基（安娜的哥哥）　　★夫妇

吉提（杜丽的妹妹，爱渥伦斯基）

列文（爱吉提）

渥伦斯基（爱安娜）

在这个笔记中，我还列了安娜与渥伦斯基、列文与吉提这样两条线，自然也是我当时学习小说结构和情节发展变化的笨方法：

安娜对丈夫不满——和渥伦斯基一见钟情——受社会贵族打击——渥伦斯基冷遇——卧轨自杀

列文爱吉提，遭遇拒绝——吉提爱渥伦斯基被否定——吉提病重到国外养病——列文在乡间从奥布浪斯基处得知此消息——列文和吉提爱情成功

重新看这些线索，重温这部作品，贵族妇女安娜·卡列尼娜和她的丈夫卡列宁、情人渥伦斯基的一条爱情悲剧线，外省地主列文和贵族小姐吉提的一条爱情喜剧线，两条线平行又有所交叉，构成交织在一起的三角关系网络。

如果托尔斯泰仅仅把这部作品写成两组悲欢离合的爱情故事，纵使再有生花妙笔将其写得跌宕起伏、催人泪下，也难称其伟大，和我们眼下流行的爱情小说和影视剧没有什么两样，不过是复杂的爱情故事而已。这部作品之所以伟大，具有经久不衰的力量，在于托尔斯泰生活在并直面俄国1861年自上而下的农奴制改革时代，他将自己的作品根植于那个时代，将两条爱情线融入那个时代的洪流之中，而不是只把爱情故事当成吸引人眼球的噱头和唯一不二的法门。

在列文那一条线中，托尔斯泰勾勒出那个农奴制改革时代生产力急剧变化的广阔时代背景，描绘出在这场变革中的地主、农民、新兴资产者、商人阶层等各色人物形象。在安娜·卡列尼娜那一条线中，托尔斯泰则用他结实有力的笔，深入揭示了这场变革中生产力对生产关系的作用，让读者看到动荡的变革时代给人们的思想道德伦理以及价值观念带来的深刻变化，从而深切触摸到那个风云变幻时代的脉搏，并多侧面地再现那个时代。

托尔斯泰既不是回避那个时代，躲在象牙塔中品味个人的一角情感与艺术的天空，又不是仅仅描摹那个时代司空见惯的浅表层面的东西。不少描写改革题材的作品只是困难琐事等材料的罗列堆砌，然后制造一个改革的对立面，最后被改革派战胜。也有写改革派的情感的，不过几乎是千篇一律的红颜知己，由于处于婚外，只能默默地支持。托尔斯泰却一出手就是巅峰，他用自己的笔大开大合，让这两条爱情线平行发展又相互交织，抖擞得如同鱼一般既游于时代的江河中，又游于家庭的小溪里。

将小说写得好看，也许容易，但同时将小说写得具有时代深意而不那么轻飘飘，就不容易。将小说写得仅仅具有社论那样充沛的意义，也许并不难，但同时具有艺术的魅力且读者爱看，值得去思索回味，也不那么容易。托尔斯泰的伟大，就在于他能够在这两者游刃有余的有机结合当中使作品具有永恒的艺术的魅力。

无论从人物形象刻画、故事情节的跌宕，还是从悲喜剧艺术美学的运用、深刻思想内涵的挖掘等各方面来看，这部作品的伟大和经典性都是毋庸置疑的。如读《红楼梦》一样，仁者见仁，智者见智,爱看爱情的能从中看到爱情;爱读历史的能从中读到历史;爱品味哲学的能从中品味出哲学……作品由此被赋予了多义性。列宁高度评价托尔斯泰的作品"反映了一直到最深的底层都汹涌激荡的伟大的人民的海洋,既反映了它的一切弱点,也反映了它一切有力的方面",并称赞托尔斯泰是俄国革命的一面镜子,是俄国伟大的作家。这些赞誉托尔斯泰当之无愧。

> **推荐阅读**
>
> ☆ 张洁《知在》　　☆ 余华《在细雨中呼喊》
> ☆【俄】列夫·托尔斯泰《安娜·卡列尼娜》